Heinrich Preschers

Materialien zur Geschichte des Kriegs in Schwaben

Im Jahre 1796. Zweiter Band

Heinrich Preschers

Materialien zur Geschichte des Kriegs in Schwaben
Im Jahre 1796. Zweiter Band

ISBN/EAN: 9783743437647

Hergestellt in Europa, USA, Kanada, Australien, Japan

Cover: Foto ©ninafisch / pixelio.de

Weitere Bücher finden Sie auf **www.hansebooks.com**

Materialien

zur

Geschichte

des

Kriegs in Schwaben,

im

Jahre 1796.

―――――

Zweyte Lieferung.

―――――

1797.

Inhalt.

___

Inhalt.

I.

Ueberſicht.

Beſchluß der merkwürdigſten Kriegsereig-
niſſe in Schwaben, vom Uebergang der
Franzoſen über den Rhein bis zu ihrem
Austritt über die bayriſche Gränze.

Der linke Flügel der franzöſiſchen Armee,
unter dem Kommando des Generals Deſſair,
zog ſich von Langenſteinbach gegen Mittag; der Mittelpunkt aber unter St. Cyr
dehnte ſich zwiſchen der Enz und der Na-
gold aus, und die Vorpoſten deſſelben zeigten ſich ſchon am zweyten und dritten Tage
nach der beſagten entſcheidenden Schlacht in der
ganzen Gegend von Neuenbürg bis nach
Calw hinauf und drangen unter ſteten kleinen
Gefechten die Kaiſerlichen überall hinweg.

N

Vorrücken der Franzosen bis Stuttgardt.

Die feindliche Generalität hatte beschlossen,
den Erzherzog am 15. Jul. in seiner Stellung
bey Pforzheim anzugreifen. Aber dieser,
da er aus dem starken Vorrücken des Mittel-
punktes die Vermuthung zog, daß St. Cyr
die Absicht habe, die Ufer des obern Nekars
vor ihm zu erreichen, und das Korps des Generals Frölich abzuschneiden, brach in der
Nacht auf und rückte in die Gegend von Vaihingen. Dessaix breitete sich von Pforzheim gegen Bretten aus; der Mittelpunkt
aber drang rasch bis an die Würm vor. Ein
Truppenkorps von etlichen tausend Mann wurde unter den Befehlen des Generals Scherb
in das Bisthum Speyer abgeschickt, um die
Garnison von Philippsburg zu beobachten.
Am 17. Jul. machte die kaiserliche Armee eine
neue Bewegung gegen Morgen, lagerte sich
am linken Ufer des Nekars, und schlug zur
Sicherung ihres Rückzuges mehrere Brücken
über den Strom.

Am folgenden Tage rückte der General St.
Cyr gegen Stuttgardt an. Abends um
3 Uhr

3 Uhr traten einzelne Haufen seiner Reuterey
aus dem Walde auf dem Hasenberge hervor,
stießen auf den Vortrab der Kaiserlichen und
griffen denselben sogleich an. Es eröfnete sich
ein kleines Gefecht, welches durch die Straßen
der Stadt fortgesetzt wurde. Jenen ersten Haufen folgten sogleich einige Bataillons Infanterie
und berittener Artillerie. Sie setzten den fliehenden Truppen jenseits der Stadt nach, begannen ein lebhaftes Feuer, und von beyden
Seiten war der Verlust nicht unbedeutend.
Bald aber stießen die Verfolger auf eine größere
Macht, die ihnen überlegen schien. Sie zogen
sich daher wieder in die Stadt zurücke, nachdem das Gefecht bis Abends um 8 Uhr gedauert hatte. —

An diesem Tage rückte der linke Flügel bis
Vaihingen, und am folgenden gegen Sach-
senheim vor, um einen dort stehenden kaiserlichen Heerhaufen, der sich gegen Heilbronn
gewendet hatte, zu vertreiben.

Schlacht am Neckar am 21. Jul.

Der General Moreau war sogleich am
zweyten Tage nach der Besitznehmung von

N 2   Stutt-

Stuttgardt in diefer Stadt angekommen,
und rüstete sich vor allen Dingen, die Kaiferli=
chen von dem linken Ufer des Nekars zu ent=
fernen, und sich selbst den Weg über diesen
Fluß zu bahnen.

Am 21. Jul. wurde ein allgemeiner Angriff,
der sich von Mühlhausen über bis Eßlin=
gen hinauf erstreckte, unternommen. Früh um
halb 4 Uhr zog die ganze Generalität von
Stuttgardt hinaus, begleitet von all' der
Macht, welche der Feind in diefer Gegend ver=
fammelt hatte. Der General Tapoñier, un=
ter dem die Generale Lecourbe, Lambert
und Houel ftanden, erhielt Befehl, das Dorf
Berg und die Vorstadt von Kanstadt zu er=
stürmen; der General Laroche aber, welcher
zu Degerloch ftand, sollte auf Eßlingen
anrücken. Nach 5 Uhr erhub sich eine schreck=
liche Kanonade im ganzen Thale hinauf. Der
linke Flügel drang schnell vor, säuberte das
Dorf Berg von den Kaiferlichen, befetzte eine
vortheilhafte Anhöhe, den Kahlenstein, den
die Sachfen verlaffen hatten, mit Kanonen,
und erreichte bald das Ufer des Fluffes, der die
Vor=

Vorſtadt von Kanſtadt von der Stadt ſelbſt
ſcheidet. Man beſchoß ſich von beyden Seiten
lebhaft mit ſchwerem Geſchütze; — eine deut=
ſche Batterie auf der Anhöhe hinter dem Sauer=
bronnen that den Franzoſen ſehr viel Schaden.

Noch heftiger und blutiger war das Gefecht
auf dem rechten Flügel. Die Kaiſerlichen lei=
ſteten hier den hartnäckigſten Widerſtand, ſo
kühn und ungeſtümm auch der Angriff der Fein=
de war. Dieſe ſtürmten zu dreymalen auf ver=
ſchiedenen Punkten herbey; aber der Muth der
Deutſchen und ihr ſehr wirkſam angebrachtes
Kartätſchenfeuer trieb ſie jedesmal zurück. Der
General Hoze, der hier kommandirte, hätte
ſeine Stellung ohne Anſtand behaupten können,
da ſich der Feind nicht mehr getraute, ſeine An=
griffe zu erneuern, wenn der rechte Flügel nicht
zurückgeworfen worden wäre. Aber dieſer Um=
ſtand machte den Feind zum Meiſter der linken
Seite des Nekars.

Die Franzoſen verlohren an dieſem Tage,
zumal aus den Diviſionen des Generals La=
roche, eine Menge Todter und Verwundeter.

N 3 Der

Der ganze Verluſt der Kaiſerlichen aber belief
ſich auf wenigſtens 1000 Mann.

Weiteres Vorrücken der Feinde.

Moreau hatte noch immer die Abſicht,
die kaiſerliche Hauptarmee von dem Korps des
Generals Frölich, das ſich durch Ober=
ſchwaben zurückzog, zu trennen und zugleich
die erſtere von der Donau zurückzudrücken. Er
machte deßhalb am folgenden Tage mit ſeinem
ganzen Heere eine Bewegung gegen Mittag,
welches beſonders an der Richtung des linken
Flügels ſichtbar war, der ſich plötzlich an dem
Nekar herauf gegen Kanſtadt und Stutt=
gardt zog. Dieſe Abſicht entgieng dem Erz=
herzoge Karl nicht. Er brach daher mit ſei=
ner Armee ſchleunig auf, und rückte mit derſel=
ben längſt der Fils und Rems immer rück=
wärts, wobey ſie von den Franzoſen lebhaft
verfolgt, und durch ſtete Vorpoſtengefechte
beunruhiget wurde. Der Mitelpunkt unter
St. Cyr gieng die Straße von Eßlingen
und Göppingen hinauf, und breitete ſich
rechts bis Kirchheim, Nürtingen, Urach
und Wieſenſteig aus. Der linke Flügel
aber

aber drang durch das Remsthal über Schorndorf und Gmünd vor, und berührte mit seiner äuserſten Flanke die Gränze von Hohenlohe und Limburg. Ueberall wichen die Kaiſerlichen vor dem nachbringenden Feinde, der ſich mit der Ausbreitung ſeiner Eroberungen immer mehr verſtärkte, aus, und ohne einen bedeutenden Auftritt langte ſein Heer am Fuße des Aalbuches an, — eines rauhen Gebürges, das gleichſam ein Kap der ſchwäbiſchen Alpen ausmacht.

Der Erzherzog war in den letzten Tagen des Julius mit ſeinem Heere aus den Thälern, welche die Rems und die Fils durchfließen, aufgebrochen, und hatte eine vortrefliche Stellung auf der höchſten Spitze des Aalbuches um Böhmenkirch gefaßt, wo er eine weite Gegend umher beherrſchte, und ohne den ſichtbarſten Verluſt nicht angegriffen werden konnte. Die engen Päſſe und Abhänge dieſes Gebürges waren überall ſtark beſetzt, und die Armee auf ihren Flanken ſicher gedeckt. Der Erzherzog hätte die Feinde in dieſer Poſition lange aufhalten können, wenn nicht die Herbeyſchaffung der

Le=

Lebensmittel in dieser armen und unwegsamen
Berggegend so äuserst beschwerlich, und der
Mangel an Trinkwasser für Menschen und Vieh
so groß gewesen wäre. Er brach deßhalb nach
einem kurzen Verweilen auf. Die Franzosen
folgten ihm auf dem Fuße nach. Der Mittel=
punkt drang durch die Defilen von Weissen=
stein und Eybach in das Gebürge herein,
trieb die Kaiserlichen vor sich her, warf sie am
2. August bey Heidenheim zurück, gieng da=
selbst über die Brenz, und rückte auf der
Straße, die nach Giengen führt, vor. Der
linke Flügel aber vertrieb die Kaiserlichen bey
Gmünd und Heubach, schlug sie nach einem
lebhaften Widerstande bey Aalen, und ver=
folgte sie über das Härtsfeld. Der Erzher=
zog aber nahm seine Richtung gegen Nörd=
lingen und Donauwörth. Auf diesem
Zuge fiel den Feinden sehr viele Beute an Wä=
gen, Geschütz, Munition und Proviant in die
Hände.

Gefecht bey Bopfingen am 5. August.

Während sich das kaiserliche Hauptquartier
zu Nördlingen befand, stand der General=
major

major Fürst von Lichtenstein mit einem
ansehnlichen Korps zwischen Wallerstein
und Goldburghausen.   Er hatte die Ab=
sicht, den Franzosen den Eintritt in das Ries
auf dieser Seite zu verwehren, deren Vortrab
unter dem Kommando des Generaladjutanten
Heutelet schon bis Aufhausen und Ober=
dorf vorgedrungen war, und aus dem sieben=
ten Husarenregiment, 3 Bataillons und 3 Kom=
pagnien Infanterie bestand.

Am 5. August, schon frühe zeigte sich der
Feind auf dem Sandberge bey Bopfin=
gen, und fieng an, mit den kaiserlichen Vor=
posten zu plänkeln; zugleich beunruhigte er die=
selben auch zwischen Ommenheim und Mi=
chelfeld.   Um den Mittag aber kam er in
Schlachtordnung zum Vorschein, warf die Po=
sten auf dem Sandberge zurück, vertrieb die
zwo Kompagnien Sklavonier und das De=
taschement von Szekler Husaren, die bey
Bopfingen standen, und verfolgte sie bis
Kirchheim, vor dem sich die Ebenen des
Rieses eröfnen.

Der

Der Oberſt Bolza, der den Vortrab des Lichtenſteiniſchen Korps kommandirte, zog ſich mit ſeinen Leuten zurück, poſtirte ſeine Reſerve auf die Anhöhen, die ſich zwiſchen Benzen-zimmern und Kirchheim erheben, verſam-melte hier die Flüchtlinge wieder, und ver-wehrte dem Feinde durch eine lebhafte Kanona-de das Nachſetzen.

Der Fürſt von Lichtenſtein kam eiligſt mit einer beträchtlichen Macht von Kavallerie herbey, und traf die zweckmäßigſten Anſtal-ten, um dem Feinde die erlangten Vortheile wieder zu entreiſſen. Er führte die Reuterey, indem er Kirchheim umgieng, auf die rechte Flanke der Franzoſen, und rückte mit derſelben gegen das auf dem Berge poſtirte Huſarenregi-ment an; ein Zug von Kinsky Chevaurle-gers aber ſtürmte in den Flecken hinein, und fiel über die darinn ſtehende Infanterie her. Dieſe gedoppelte, mit Kraft und Nachdruck ausgeführte Bewegung brachte die Feinde in Verwirrung. Ein großer Theil derſelben war ſchon abgeſchnitten, und in der Nothwendigkeit, ſich entweder zu ergeben, oder durch die ver-

zwei-

zweifeltste Gegenwehr die Flucht zu erkämpfen. Mehrere Haufen aber eilten zurück, ohne nur den Angriff erwartet zu haben. Die Kaiserlichen setzten ihnen muthig nach, und erreichten sie bey Oberdorf, wo ihrer viele zusammengehauen wurden. Sie hatten bey diesem Platze Miene gemacht, sich wieder zu sammeln; als sie aber merkten, daß die kaiserliche Reuterey sie aufs neue in der Flanke bedrohe, so warfen sie sich auf ihre Reserve zurück. Ihre Kavallerie auf dem Sandberge wurde mit Kartätschen und Haubitzen hinweg getrieben. Man verfolgte sie bis nach Aufhausen, wo sie endlich in der einbrechenden Nacht und in den nahen Wäldern, Schutz und Ruhe fanden.

Die Kaiserlichen nahmen in diesem Gefechte dem Feinde 300 Gefangene ab; die Zahl seiner Todten und Verwundeten war wenigstens eben so groß. Auch der Obrist Maresi vom siebenten Husarenregiment, einer der rechtschaffensten und tapfersten Officiere der Armee, war schon in ihrer Gewalt, und durch 5 schwere Wunden außer Stande, sich zu vertheidigen, als er von seinen Leuten wieder herausgehauen wurde.

Vor=

Vortheilhafter kämpften die Feinde weiter rechts. Sie griffen am 8. August die Kaiserlichen bey Neresheim, und am 10 bey Tischingen an, thaten ihnen jedesmal beträchtlichen Schaden, machten viele Gefangene und gewannen neues Land.

Schlacht ober Heidenheim am 11. Aug.

Der Erzherzog Karl, entschlossen, den Feind eine Strecke zurücke zu werfen, um dadurch seinen Rückzug desto mehr zu sichern, und die Verbindung unter den verschiedenen Theilen seiner Armee, die durch die Ereignisse der vorigen Tage sehr bedroht war, zu erhalten, unternahm am 11. August einen Hauptangriff. Da besonders sein linker Flügel beträchtlich gelitten hatte, so ließ er in der vorhergehenden Nacht eine ansehnliche Verstärkung zu demselben stoßen, welche aber wegen der schlechten Beschaffenheit des Wetters und der Wege nur sehr langsam herbeyrücken konnte, so daß es unmöglich war, den Feind so unerwartet und rasch zu überfallen, als man im Sinne hatte. Seine Armee bildete eine Linie, wel-

welche sich von Dillingen über Wittis=
lingen, Eglingen, Amerdingen und
Eberheim bis Nördlingen erstreckte. Den
linken Flügel derselben kommandirte Hoze,
den rechten Latour, und auf dem Mittelpunkte
befand sich der Erzherzog selbst.

Der Hauptangriff wurde auf dem rechten
Flügel gemacht, dem der General Duhem
gegenüber stand, der mit seinen Divisionen das
Hauptquartier deckte, welches sich damals zu
Heidenheim befand. Das lebhafte Kano=
nenfeuer und die Ueberlegenheit der kaiserlichen
Kavallerie brachte hier die Feinde nach einem
kurzen Widerstande zum Weichen. Man ließ
diesen Vortheil nicht unbenutzt, sondern folgte
den flüchtigen Kolonnen muthig nach. Etliche=
mal machten sie Halt; aber die Kavallerie
sprengte sie immer wieder auseinander. In
der größten Verwirrung flohen sie über das
Albuch herunter, und hielten nicht mehr
Stand bis an dem nördlichen Fuße dessel=
ben im Remsthale, bey Mäklingen und
Heubach, — Punkte, die von dem Platze
des Angriffs wenigstens 8 Stunden entfernt sind.

Tap=

Tapferer stritten die Franzosen im Mittel=
punkte und auf dem linken Flügel. Zwar wur=
de auch dort der Vortrab zurückgeschlagen, und
auch hier wankten die Glieder. Aber die Ent=
schlossenheit der Generale, das Herbeyrücken
des Hinterhalts und die Thätigkeit der Kavalle=
rie brachte alles wieder in Ordnung, und die
republikanischen Reihen behaupteten ihre Stel=
lung mit einer Hartnäckigkeit, die nichts beu=
gen konnte.

Die Kolonnen des Generals Hoze waren
dem Feinde in den Rücken gekommen, — das
Hauptquartier floh eiligst von Heidenheim
an der Brenz hinauf, — die Niederlage der
Divisionen von Duhem war entschieden, —
die ganze Armee hatte nur mehr auf 2 Stun=
den Patronen, weil die Munitionswagen durch
die Retirade des Gepäcks aufgehalten waren,
— und doch stand St. Cyr und Dessaix
unerschütterlich. Siebzehn Stunden lang hatte
der Kampf gedauert, jede Armee verlohr an
Todten, Gefangenen und Verwundeten über
2000 Mann. Das Dorf Dunstelkingen
gieng größtentheils im Rauch auf, — und nichts
war

war entſchieden, nur daß die Kaiſerlichen den
Vortheil hatten, ihren Rückzug mit weniger Ge=
fahr fortſetzen zu können.

Die müden Armeen übernachteten auf dem
Schlachtfelde. Am folgenden Morgen brach
der Erzherzog auf, und zog weiter rückwärts
gegen Donauwörth, wo er am 13. über
den Strom gieng, der dort die Gränze zwi=
ſchen Schwaben und Baiern bezeichnet. Der
Generaladjutant Houel füllte eiligſt mit einem
Heerhaufen von 3000 Mann die Lücke aus,
welche Duhem bey dem Kloſter Medlingen
gemacht hatte, und folgte der Armee zur Seite
der Spur der Kaiſerlichen nach.

Vertheidigungsanſtalten im Breisgau.

Während der Mittelpunkt und der linke
Flügel der feindlichen Armee ſo unaufhaltſam
in Nordſchwaben vordrang, überſchwemmte
der rechte Flügel derſelben, der, wie geſagt,
unter den Befehlen des Generals Ferinot
ſtand, die ſüdlichen Gegenden dieſer Provinz,
und rückte in gleichem Schritte mit St. Cyr
und Deſſaix fort, ſo daß Schwaben in
ſel=

seiner ganzen Breite von den Gestaden der Enz
und des Kochers bis an die Ufer des Bo=
denfees von den Legionen der Republik
durchströhmt war.

Man machte im Breisgau sogleich nach
dem Uebergange der Franzosen auf die deutsche
Gränze die zweckmäßigsten Anstalten, um die=
ses Land gegen den andringenden Feind in Si=
cherheit zu setzen. Der General Feldmarschall
Lieutnant Frölich, welcher das Kommando
über die darinn stehenden Truppen hatte, rückte
mit seinem Korps in die westlichern Gegenden
herunter, nahm eine Stellung an dem Flüßchen
Elz, das sich unterhalb Kenzingen in den
Rhein ergießt, erhielt vermittelst der unter
ihm dienenden Condeischen Truppen seine
Verbindung mit dem schwäbischen Heere, das
nach dem Verlust der Kniebisschanze bis
Hornberg zurückgewichen war, und postirte
den General Wolf in die obern Gegenden, wo
dieser einen Kordon von Rheinfelden bis
nach Lörrach zog, um auch da die Feinde
im Respekt zu erhalten.

                                    Um

Um das regulirte Militär soviel möglich zu
verstärken, wurde Anstalt zum Aufstehen aller
im Lande lebenden dienstfähigen Männer ge=
macht. Die Inwohner sollten, hieß es in der
unter dem 3. Julius von dem Landeschef,
Freyherrn von Sumeraw, bekannt gemach=
ten, und allen Gemeinden unter Trommelschlag
vorgelesenen Aufforderung. — dem schönen
Beyspiele der Tyroler folgen, und zur Ret=
tung des Vaterlandes mit Feuergewehren, und
in Ermanglung derselben mit Krampen, Schau=
feln und andern Vertheidigungsinstrumenten
den Sammelplätzen Heklingen, Kenzin=
gen und Herbolzheim zu eilen. Die k. k.
Truppen werden jederzeit vorangehen, und das
Landvolk auf alle mögliche Art schonen und
schützen, und durch ihren standhaften Muth
und kriegerische Unerschrockenheit den Weg zum
Siege und zur Erhaltung der vormaligen Ruhe
bahnen. Zugleich wurde den Leuten verspro=
chen, daß für ihren Unterhalt während des
Dienstes so viel möglich gesorgt werden sollte.
— In Kurzem ward hiedurch der Landsturm
in Bewegung gesetzt, und haufenweis strömten

O   die

die braven Breisgauer ihren Sammelplätzen
entgegen.

In der Nacht vom 4=5. Jul. führte der
General Klinglin das Regiment Karl Loth=
ringen und die Condeischen Legionen über
Waldkirch in das Kinzingerthal ab, um dem
Feinde sein Vorrücken zu erschweren. Man
sorgte zugleich für die Befestigung der vor dem
Vertheidigungsheere liegenden Gegend. Die
Gebürgspässe wurden durch Verhacke, welche
man halbhaushoch mit Grund bedeckte, un=
zugänglich gemacht; die Straßen wurden ver=
schüttet und mit Gräben durchschnitten, und
an schicklichen Plätzen wurden Batterien aufge=
richtet, so daß die Gränze des Landes gleich=
sam in eine Vestung umgeschaffen war.

Die Gefechte bey Bühl und Renchen
hatten dem General Ferino den Weg in das
Kinzinger Thal bis nach Bibrach gebahnt.
Er drang von da gegen die Schutter vor,
verlegte sein Hauptquartier nach Lahr, und
schickte seine Patrouillen nach Mahlberg und
Ettenheim herauf.

Ge=

Gefecht bey Herbolzheim am 7. Jul.

Das Korps des Generals Frölich erwartete an diesem Tage nichts weniger als einen Angriff. Denn durch das lange anhaltende Regenwetter waren überall die Flüsse ausgetreten, und alle Thäler überschwemmt. Aber Ferino wollte durch eine plötzliche Ueberraschung die nämlichen Lorbeeren erlangen, welche seine Kameraden zween Tage zuvor an der Murg erfochten hatten.

Früh um 6 Uhr kamen die Feinde mit einem Heerhaufen, der 6000 Mann Infanterie und 3 Kavallerieregimenter stark war, durch die Weinberge hergeschlichen, und stürmten auf den Posten Herbolzheim los. Ihr Angriff war zu überraschend, und ihre Uebermacht zu groß, als daß er nicht hätte wirken müssen. Die Kaiserlichen kamen in Unordnung, und wichen über die Bleich bis an die Galgenschanze von Kenzingen zurück. Hier hatte aber der Sieg der Feinde ein Ende. Der General Fröhlich ließ seine Leute am linken Gestade der Bleich aufmarschiren, und hinderte die Feinde, trotz der Heftigkeit ihres Kartätschenfeuers, über

die-

diesen Fluß zu gehen. Zugleich aber schickte
er eine Kavalleriedivision von Karl Lothringen,
geführt von dem Obrist Lieutnant Grafen von
Merkantin, und die Gränzhusaren unter
dem Kommando des Majors von Frimont,
so wie auch einen Theil des Landsturms dem
Feinde hinter Wagenstadt in seine linke
Flanke. Diese Wendung entschied den Kampf.
Die Franzosen sahen sich nicht so bald auf der
Seite bedroht, als sie sich in größter Eile auf
allen Seiten zurückzogen. Sogleich rückte auch
der Mittelpunkt vor, die Brücke über die
Bleich wurde wieder hergestellt und der Feind
hitzig verfolgt. Die hereinbrechende Nacht, der
Mangel an Munition und die nicht zu verach=
tende Menge der Franzosen verhinderten die
Kaiserlichen, ihnen auf ihrer Flucht alle den
Schaden zu thun, den ihre Niederlage befürch=
ten ließ. Sie verlohren wenig Gefangene;
aber bey 600 Todte und Verwundete. Der
Verlust der Kaiserlichen und besonders der Le=
gionen von Conde war auch beträchtlich.

Das breisgauische Landvolk gab bey dieser
Gelegenheit sehr rühmliche Proben von Muth
und

und Patriotismus. Die Bauern von Ober-
und Niederhausen dienten mit den Soldaten in gleicher Reihe gegen den Feind. Einer
derselben trat sogar weit vor die Fronte hervor,
und streckte ganz kaltblütig, unter einem hefti-
tigen Kugelregen, mit seinem Stutzer sieben
französische Reuter nacheinander nieder. Eben
so zeichnete sich das Bataillon der Freybur-
ger Freywilligen, welches der Stadtrath und
Major Calurt kommandirte, durch Tapferkeit aus. Als der Bürger Johann Baptist
Hirschbeil seine Patronen verschossen hatte,
so stürzte er mit gefälltem Bajonet in die feindlichen Reuter, hub mehrere derselben aus dem
Sattel und brachte zween Gefangene ein.

Die Kaiserlichen räumen das Breisgau.

Durch die entscheidende Schlacht, welche
die beyden streitenden Heere am Albflüßchen
geliefert hatten, wurde die Lage des Generals
Frölich äuserst unsicher. Der Mittelpunkt
der französischen Armee war schon weit in den
Gebürgen des Schwarzwaldes vorgedrungen,
und der Erzherzog Karl bis hinter die Na-

D 3   gold

gold und Wurm zurückgedrückt. Auch die
schwäbischen Truppen retirirten sich immer
mehr, und gaben dadurch die rechte Flanke des
Hauptkorps blos. Demungeachtet wollte Frö=
lich seine Stellung nicht ungezwungen verlas=
sen, sondern dem Feinde erst ein beträchtliches
Opfer abnöthigen.

Am 14. Jul. ward ein allgemeiner Angriff
auf seine ganze Heerkette gemacht, welche sie
aber bey den besagten ungünstigen Ereignissen
auf der Seite, und bey der gewöhnlichen Ueber=
legenheit der republikanischen Macht nicht aus=
halten konnte. Der General Ferino stürmte
auf die Hauptposition bey Herbolzheim und
Schweighausen los, und trieb den Feld=
marschall Lteutnant über die Bleich zurück.
Der General Jordy und der Generaladjutant
Gudin wirkten mit ihren Abtheilungen im
Kinzinger Thale von Haslach bis Wolfach.
Vandamme griff den Posten Alpirspach
an, wo der Kampf am heftigsten wurde.
Zwischen der Kinzig und dem Nekar aber
fiel Duhem und der Obrist Laval über die
dort postirten Truppen her. Ueberall verloh=
ren

ren die Feinde viel Volk; aber überall rächten sie ihren Verlust, machten Gefangene und Beute und warfen die ihnen gegenüber stehen= den Oesterreicher zurück.

Durch diese Vortheile kam Frölich in Ge= fahr, von der Hauptarmee abgeschnitten zu werden, zumal da die schwäbischen Truppen in größter Eile bis nach Hechingen zurück= wichen. Es blieb ihm also nichts anders übrig, als durch einen schleunigen Rückzug seine Ver= bindung mit dem Erzherzoge zu sichern. Er brach, nachdem er das Landvolk, das sich noch bey seinen Fahnen befand, nach Hause geschickt hatte, mit allen seinen Truppen auf, mar= schirte durch die auf seinem Rücken liegenden Berggegenden, und zog sich nach Villingen. Der General Wolf aber gieng aus seiner bis= herigen Stellung, um sich esto fester an das Hauptkorps anzuschließen, über die Wüttach, und lagerte sich hinter diesem Flusse zwischen Stühlingen und Blumberg.

Damit war das Breisgau den Feinden offen. Schon am 16. Jul. rückten sie in der Hauptstadt des Landes zu Freyburg ein.

An

An demselben Tage setzten sie einen beträchtlichen Heerhaufen bey Hüningen über den Rhein, und schlugen zugleich daselbst eine Brücke. Dieses Korps, das der General Labord anführte, hatte den Auftrag, den General Wolf zu verfolgen, und rückte am ·18. Jul. schon zu Waldshut ein. Ferino aber folgte dem General Fröhlich nach.

Blinder Lermen in Oberschwaben.

Während dieses im Breisgau vorgieng, kamen die condeischen Depots und Lazarethe, begleitet von mehrern Haufen Reuterey und Fußvolk von den Legionen der Ausgewanderten vom Oberrhein durch Südschwaben gegen die bairische Gränze herauf. Einige von diesen Begleitern waren ehrlos und muthwillig genug, die angstvollen Landeseinwohner hie und da zu berauben, und ihnen Geld und andere Kostbarkeiten abzuschrecken. Das Gerücht vergrößerte diese Ausschweifungen einzelner Bösewichte hundertfach, und trug weit und breit die Sage umher, daß ein 1500 Mann starker Haufen von dem condeischen Korps die Ge=

Gegend zwischen der Iller und der Donau unsicher mache, und durch Plünderung, Brand, Mord, Nothzucht viel Schrecken und Elend verbreite.

Dieser Lermen war am größten um Wald-see, Sulgau, Alshausen und Weissenhörn, und erstreckte sich bis Memmin-gen, Augsburg und Ulm, ja sogar bis auf eine beträchtliche Strecke von Nordschwa-ben, jenseits der Rems.

Am 8. Jul. verbreitete sich der Schrecken in den besagten obern Gegenden, besonders um Waldsee, schnell wie ein plötzliches Ungewit-ter. Ueberall wurden die Sturmglocken ange-zogen und die Allarmkanonen losgebrannt. Mehrere Dörfer, hieß es, stehen schon im Brande. Viele Leute ergriffen die Flucht. Man packte die Archive ein. Man verbarg sei-ne beste Habe. In den Städten wurden die Thore geschlossen.

Aber man wollte sich nicht blos vor den Räubern verwahren, man wollte sie auch zer-streuen und niedermachen. Alles griff zu den

O 5   Waf-

Waffen. Mit Schießgewehren, Säbeln, Aexten, Heugabeln, Prügeln und ähnlichen Instrumenten bewafnet, besetzten die Landesinwohner entweder ihre Wohnplätze, oder zogen, von obrigkeitlichen Personen angeführt, ihren Nachbarn zu Hülfe. Der Graf Fugger von Babenhausen stellte sich selbst, mit der Fahne in der Hand, an die Spitze seiner Unterthanen. Wenigstens 50000 wehrhafte Männer setzten sich in dem besagten Bezirke in Bewegung.

Aber man kämpfte mit dem Schatten. Einige kleine Ausschweifungen abgerechnet, die der royalistische Franzos so wenig unterläßt als der republikanische, hörte man nirgends von einer größern gewaltsamen Unternehmung, und stieß auf keinen geschlossenen Räuberhaufen. Es floß auch bey diesem Bauernaufstande kein Blut. Nur ein Paar einzelne Fremdlinge in der condeischen Montirung, die das Unglück hatten, in die Hände des streitlustigen Landvolks zu fallen, wurden von demselben getödtet. Daß dabey keine Untersuchung über Schuld und Unschuld vorausgieng, versteht sich von selbst.

Wel=

Weiterer Rückzug der Kaiserlichen über Stockach und Möskirch.

Von Villingen nahm der General Frölich seinen Marsch längst der Donau über
Geisingen und Tuttlingen nach Stockach, wo er sich rechts gegen Möskirch ausdehnte und links an das Korps des Generals
Wolf anschloß. Er machte hier Miene, als
wollte er sich mit Nachdruck gegen die Feinde
vertheidigen, und ihrem Vordringen Gränzen
setzen. Aber die unglücklichen Begebenheiten
bey dem Heere des Erzherzogs Karl, und
eine starke französische Kolonne, die sich über
Hechingen her bewegte, und seine rechte
Flanke bedrohte, nöthigten ihn, nach Möskirch zurückzuweichen. Den General Wolf
aber ließ er mit 6000 Mann in dem Lager von
Stockach stehen, um den Ueberlinger
und Zeller See gegen den General Baillard, der über Stühlingen anrückte, zu
decken.

Auch in der Stellung von Möskirch war
die Lage des Feldmarschall Lieutnants Frölich noch immer so gefährlich als zuvor, und
er

er mußte, um seine Vereinigung mit dem Hauptheere noch bewirken zu können, einem überlegenen Feinde mit der höchsten Vorsicht ausweichen, und die Vortheile, die ihm seine Uebermacht einräumte, vereiteln. Er deckte deßhalb seine Stellungen durch Verhaue und Verschanzungen, machte den Feind in seinen Bewegungen irre, beobachtete ihn mit der genauesten Wachsamkeit, vermied es so viel möglich, daß er nicht von ihm angegriffen wurde, schickte starke Patrouillen auf die Alb und in die Gegend von Ulm zu den Stellungen des Erzherzogs aus, und nahm seinen Weg über Waldsee, der Donau zu, ohne einen beträchtlichen Verlust zu leiden. Der Obrist Gtulay deckte seine rechte Flanke.

Diese Gefahren waren zum Theile eine Folge der außerordentlichen Unmacht, in welche das Heer der schwäbischen Stände herabgesunken war. Dasselbe hatte bisher das Frölichsche Korps auf seiner rechten Flanke begleitet, und war, im Bewußtseyn seiner Unvermögenheit, immer hinter den Mittelpunkt der Armee, mit der es vereint wirken sollte, zurückge-

wi

wichen. Nun aber waren die wirtembergischen Truppen, vermöge des mit dem General Moreau geschlossenen Waffenstillstandes, gar nach Hause gegangen, und das ganze Korps bestand noch aus 6 schwachen Bataillons. Auch diese waren im Begriffe, auseinander zu gehen, weil sich ihre Stände, nach dem Beyspiele von Wirtemberg, mit den Feinden verglichen hatten. Aber am 29. Jul. sahen sie ihr Lager plötzlich von den Kaiserlichen umringt, welche ihnen ihre Waffen abnahmen, sich ihrer Artillerie und Munition bemächtigten und es ihnen dann frey stellten, entweder Dienste zu nehmen, oder friedlich nach Hause zu gehen. Die meisten wählten das Letztere, und kehrten samt ihren Officieren in ihre Heimath zurück.

Der Zug am Bodensee.

Der General Wolf konnte seine Stellung bey Stockach in die Länge nicht behaupten. Sobald die Abtheilungen, welche unter Labarb bey Hüningen über den Rhein gesetzt hatten, über Stühlingen vorgerückt waren, so brach er mit seinen Truppen auf, und nahm,

da

da er Befehl hatte, das Vorarlbergische zu decken, seinen Weg längst dem mitternächtlichen Ufer des Bodensees gegen Lindau. Die Legionen von Conde bildeten seinen Nachtrab.

Er hatte am 31. Jul. ein Kommando von 250 Mann unter dem Befehle des Hauptmanns von Karlowitz nach Köstanz geworfen, nicht sowohl diese Stadt vor dem Feinde zu vertheidigen, als sie gegen die ersten Anläufe leichter Truppen, welche gewöhnlich die meisten Ausschweifungen begehen, zu schützen. Am 2. August erschien der Obrist Dumas mit dem Vortrab des Labordischen Korps vor ihren Thoren. Die Besatzung bot demselben eine Kapitulation an. Sie erhielt die Erlaubniß, frey abziehen zu dürfen, und hatte folglich ihren Zweck erreicht, ohne einigen Verlust erlitten zu haben.

Eiligst folgten die Franzosen den Oesterreichern am Ufer des Sees nach. Am 4. August erhub sich ein lebhaftes Gefecht zwischen Ensirch und Langenargen, das sich bey der Brücke der Schussen, welche die Kaiserlichen

chen zerſtöhrt hatten, entſpann, und von bey=
den Seiten viele Leute koſtete.

Der General Wolf ließ längſt dem Seeufer
eine Menge Verſchanzungen aufwerfen, die
Brücken abbrechen und die Schiffe auf dem
See hinwegnehmen, um deſto ſicherer retiriren
zu können. Aber ſchon am 6. Auguſt griffen
die Republikaner ſeine Vorpoſten bey Lindau,
wo er zuvor das Zeughaus ausgeleert hatte,
an, warfen ſie über den Haufen und zwangen
ihn, ſich nach Bregenz zurück zu ziehen.
Dadurch ward Fertno Meiſter über alles
Land, was hinter der Linie liegt, welche von
der Oſtſpitze des Bodenſees in gerader Rich=
tung an die Donau gezogen wird.

Ereigniſſe in Vorarlberg.

In Vorarlberg wurde bey der Annähe=
rung der Feinde das Landvolk ſogleich zur Ver=
theidigung des Vaterlandes aufgeboten, und
voll freudigen Muthes eilten dieſe braven Berg=
bewohner an die Gränzen, um ſich mit den re=
gulirten Truppen zu vereinigen. Die Feinde
rückten ohne Zaudern gegen den Paß an, wel=
cher

cher von Lindau her den Eingang in die Graf=
schaft Bregenz eröfnet. Sie wurden erst
mit beträchtlichem Verluste zurückgeschlagen.
Als sie aber am 9. Aug. Vormittags den zwey=
ten Angriff unternahmen, so gelang es ihnen,
den Paß zu erstürmen, und seine Vertheidiger
hinweg zu drücken. Zwar verlohren sie bey
dieser Gelegenheit 170 Mann; aber die Kaiser=
lichen sahen sich um 450 Streiter geschwächt,
und mußten das Städtchen Bregenz räumen,
wo den Feinden 3 Mörser, eine Haubitze,
4 Feldschlangen, 22 Kanonen, etliche und drei=
sig Seeschiffe und ein sehr großer Vorrath an
Haber, Gerste, Mehl und Salz in die Hände
fiel.

Der General Wolf zog sich mit seinen
Truppen nach Pludenz zurück, und die Land=
leute zerstreuten sich aus Furcht vor der Rache,
womit die Sieger ihnen drohten, und die sie
auch an denjenigen ausübten, welche das Un=
glück hatten, bewafnet in ihre Hände zu fallen.
Als es aber dem General Frölich gelungen
war, Wolfen einige Verstärkung zuzuschi=
cken, so drang dieser wieder herbey, und la=
ger=

gerte sich bey Dornbühren vor den Ver=
schanzungen, womit die Feinde ihre dortige Po=
sition umgeben hatten. Sogleich schlossen sich
wieder viele Landleute an das Wolfische
Korps an, beunruhigten die Feinde unaufhörlich
und pürschteten viele derselben auf den Vorpo=
sten weg. Durch diese Neckereyen gereizt,
rückte der General Baillard, der in der
Grafschaft Bregenz kommandirte, vor, griff
die Kaiserlichen aufs neue an, trieb sie wieder
zurück, und viele Landleute fielen theils im Ge=
fechte, theils wurden sie als Gefangene nach
dem Gesetze erschossen.

So blieben die Sachen in Vorarlberg
bis zur gänzlichen Retirade der feindlichen Ar=
mee. Der General Baillard war zu schwach
und das Terrän ist in diesem gebürgigten Länd=
chen kriegerischen Operationen überhaupt zu un=
günstig, als daß er weiter etwas hätte unter=
nehmen können. Sein ganzes Korps bestand
nur aus 2 Bataillons Infanterie und eben so
vielen Eskadrons Kavallerie, die noch dazu
nicht vollzählig waren. Hiebey erlitt er tägli=
chen Verlust durch die entrüsteten Landesbewoh=

P   ner.

ner. Sie legten sich in Wälder und Gebüsche,
und sobald sie einen Franzosen in der Schuß-
weite hatten, so streckten sie ihn nieder.

Gefecht bey Mindelheim am 13. Aug.

Derjenige Theil des Wolfischen Korps,
der nicht in die Grafschaft Bregenz eingerückt
war, breitete sich an der Iller gegen Kempten aus, wo sich die Condeischen Truppen an-
schlossen, und die Verbindung mit dem Feldmarschall Lieutnant Frölich erhielten.

Sie hatten ihre Hauptmacht unter dem
Kommando des Herzogs von Enghien bey
Mindelheim auf dem Kreuzberge versammelt, wo das vortheilhafte Terrän sie gegen jeden Angriff zu sichern schien. Aber am
13. August kamen einige starke Kolonnen von
Republikanern, die ihren Weg über Mem-
mingen genommen hatten, aus den Dörfern
Auerbach und Kambach hervor, und fiengen an, auf die Stellung der Ausgewanderten
loszustürmen. Ihr sehr wirksames Kanonenfeuer brachte diese bald in Verwirrung. Der
Kampf wurde allgemein und mit der äusersten
Er-

Erbitterung fortgeſetzt. Mehrere Ausgewan=
derte, als ſie ſahen, daß ſich der Sieg auf die
Seite der Feinde neige, miſchten ſich in die Rei=
hen ihrer leichten Infanterie, und riefen, um
ſie in Schrecken zu ſetzen: Man iſt abgeſchnit=
ten, man retirire! Aber ſie wurden erkannt
und niedergemacht. Es blieb nichts übrig, als
ſein Heil in der Flucht zu ſuchen. Die Kolon=
nen marſchirten ab und die Republikaner ver=
folgten ſie bis nach Mindelheim.

. Hier litt das Heer der Emigranten einen
der härteſten Schläge in dem ganzen Kriege.
Sie verlohren 600 Todte und 800 Verwundete.
Unter den erſten befanden ſich 50 Ludwigsritter,
17 Offiziere und 2 Generale. Die adelichen
Jäger, die Kronritter und die Legion von Mi=
rabeau litten am meiſten. Dem Herzoge von
Enghien wurde das Pferd unter dem Leibe
erſchoſſen.

In der folgenden Nacht machte das ganze
geſchlagene Korps einen ſchnellen Rückzug, gieng
hinter Türkheim über die Wertach und
vereinigte ſich zwiſchen Hiltefingen und
Schwabmünchen mit dem Feldmarſchall

P 2   Lieut=

Lieutnant Frölich. Das Korps dieses Generals war nämlich von Günzburg an am 13. August nach Steppach, nahe bey Augsburg marschirt. Den folgenden Tag aber rückte es in die Gegend von Schwabmünchen ein, da denn der General Latour seine Stellung besetzte. Von hier aus trat es über den Lech in Bayern ein und nahm seine Richtung gegen die Gränze von Tyrol.

Nach dem oben beschriebenen Gefechte wichen die südlicher stehenden kaiserlichen und condeischen Truppen immer weiter gegen den Lech zurück. In der Gegend von Kempten kam es zu einigen Vorpostengefechten, von denen besonders der Angriff am 23. der heftigste war. Am folgenden Tage rückten die Feinde, geführt von dem General Tarreau, in die Stadt ein. Die Grafschaft Königseck und die obern Gegenden des Bisthums Augsburg waren schon früher von ihnen besetzt.

Ereignisse um Augsburg.

Der General Feldzeugmeister Latour, welcher sich nach der Schlacht oder Heidenhelm

heim jenseits der Donau mit einem starken
Korps rechts gewendet hatte, nahm erst eine
Stellung bey Stppach, von der er jedoch
bald an den Lech zurück wich, und sich von
Oberhausen bis Gersthofen lagerte, da
der Mittelpunkt des Generals Moreau in
schnellen Schritten über Dillingen und
Zusmarshausen vordrang. Als aber die
feindlichen Vorposten über Langweid hervor=
traten, so gieng er mit dem größten Theile
seiner Truppen über den Lech und ließ einige
Haufen von Husaren und Freyparthisten zurück,
um den nachsetzenden Feind zu beschäftigen,
welche am 22. August von dem französischen
Vortrabe angegriffen, und auf ihre Hauptposi=
tion jenseits des Stromes zurückgejagt wurden.

Damit schnitt also gerade die schwäbische
Gränze die beyden streitenden Heere voneinan=
der ab.

Der Graf Latour lagerte sich auf den An=
höhen vor Friedberg, wo er seine sämtlichen
Truppen zusammenzog, sich durch starke Ab=
theilungen des vor seiner Fronte herströhmenden
Lechs versicherte und seine durch die Natur so

sehr

sehr begünstigte Stellung durch eine Menge Ka=
nonen deckte, so daß es das Ansehen hatte, daß
es eine ganze Armee kosten dürfte, wenn man
ihm dieselbe streitig machen wollte. Aber den
Franzosen, voll Muth zum Kampfe und voll
Zuversicht auf ihr bisheriges Glück, war keine
Unternehmung zu schwer. Was von dem Tref=
fen gesagt wurde, welches der große Fried=
rich am weißen Berge vor Prag ge=
wann, das galt auch von diesem Angriffe, —
man mußte zugleich eine Vestung erobern und
eine Schlacht liefern.

Moreau nahm sich nur einen Tag Zeit,
um seine Truppen rasten zu lassen und so viele
Abtheilungen zwischen dem Lech und der
Wertach zusammen zu ziehen, als zur Be=
stürmung der kaiserlichen Position nöthig wa=
ren. Am 24. August Vormittags um 8 Uhr
führte er seine Leute gegen den Feldzeugmeister
an. Es war vor allen Dingen darum zu thun,
das rechte Ufer des Flusses zu gewinnen. Mu=
thig sprang die leichte Infanterie in das Was=
ser; mit beyden Händen hielten die Soldaten
ihre Waffen in die Höhe; ihre Tornister hatten
sie

sie um die Hälse gebunden; zahllose Kartät=
schenladungen fielen auf sie nieder; und so viel
ihrer auch im Wasser ertranken oder erschossen
wurden, so erreichten doch andere das Ufer,
vertrieben die daselbst stehenden Oesterreicher
und machten es möglich, daß die Brücken vor
Friedberg und Lechhausen hergestellt, die
Armee übergesetzt und die Hauptstellung der
Kaiserlichen angegriffen werden konnte. Die=
ses wurde sogleich mit Entschlossenheit ausge=
führt. Zwar vertheidigte sich Latour stand=
haft und richtete durch sein Kanonenfeuer große
Verheerungen unter den herbeystürmenden
Schaaren an. Bis Mittags um 1 Uhr leistete
er Widerstand. Aber da den Franzosen die
Vortheile, die sie errungen hatten, nicht mehr
entrissen werden konnten, so zog er sich hinter
Friedberg zurück, und die Sieger folgten
ihm unter fortdaurendem Gefechte nach.

Die Kaiserlichen verlohren 12 Kanonen,
1500 Gefangene und 400 Todte. Auch der
Verlust der Feinde war wegen der Schwierig=
keiten, die sich ihrem ersten Angriffe entgegen
setzten, sehr beträchtlich. Sie bedauerten be=

son=

sonders den Generaladjutanten Honel, einen ihrer einsichtsvollsten und tapfersten Officiere, der, als er die Kolonnen, welche über den Lech setzten, durch sein Beyspiel ermuntern wollte, die Gefahr zu verachten, mit seinem Pferde in den Fluß jagte, — stürzte und ertrank.

So ward also durch diese Schlacht der Schauplatz des Krieges aus Schwaben nach Bayern verlegt. — Freylich endigte sich damit nur der erste Akt. Denn bald kamen die streitenden Heere wieder in die Gränzen des Vaterlandes zurück; nur daß dann die Rollen verändert waren, und der friedliche Inwohner des Landes all das Elend, das den Krieg begleitet, noch weit tiefer empfand als das erstemal.

II.

II.

Denkwürdigkeiten aus Heidenheim. Nachrichten von dem dortigen Treffen.

Bey dem Vordringen des Feindes glich wahrscheinlich kein Ort in ganz Wirtemberg unserm Städtchen an Lebhaftigkeit. Eine zahllose Menge fliehenden Adels und fliehender wohlhabender Bürger besetzte Privathäuser und Gasthöfe. Das wirtembergische Hausmilitär suchte da eine Zeit lang sichern Aufenthalt. Die Kostbarkeiten des herzoglichen Hauses, die Staatswägen, die Pferde wurden vorläufig hieher gebracht. Die Artillerie, Munitions-Bagagewägen der österreichischen Armee zogen in langen, endlosen Reihen mit großen Bedeckungen durch.

Immer näher drang sich der Kriegsschauplatz selbst. Zu Ende des Monats Julius zog der Erzherzog durch eine unwegsame Gegend, die erst vorher mühevoll durch Pionniers zur Fortbringung des Geschützes zubereitet werden

P 5 muß-

mußte, nach Böhmenkirch), einem elenden, zwey Meilen von Heidenheim entfernten Orte. Auf einer schönen Ebene, wodurch zwey Thäler beherrscht werden, stand hier das österreichische Heer in einer Position, die jedem Angriffe trotzte. Der Mangel an Wasser (es ist in einem Umfange von einer Quadratmeile keine Quelle; kärglich sammeln die Bewohner dieser Heide das Regenwasser in Cisternen,) und eine dem überlegenen Feinde gelungene Ueberflüglung brachte es endlich nach Heidenheim. Aber die Berge und der breite lange See, den hier die Brenz bildet, ließen es keine vortheilhafte Stellung finden. Nach 24 Stunden zog es ab, und nur ein Korps von 6=8000 Mann blieb zur Deckung des Rückzuges stehen.

Groß waren die Beschwerden, welche die Einwohner Heidenheims schon erduldet hatten. Der Officier, ja sogar jeder gemeine Oesterreicher erlaubte sich über den von Wirtemberg geschlossenen Frieden und über das Betragen unserer Landsleute bey Kehl Anmerkungen der rohern Art. Stuttgardts Bür=

Bürger wurden öffentlich des genausten Einver=
ständnisses mit den Franken und der Töd=
tung mehrerer Oesterreicher beschuldigt. Ihr
Betragen fordere Rache, jeder einzelne Wir=
temberger sey ein Schurke, eine gänzliche feind=
liche Behandlung sollte unser Lohn seyn, —
war allgemeine Aeuserung. Eine Requisition
verdrang deßhalb die andere. Mehl, Brod=
früchte, Getränke u. d. gl. mußte schon nach
Böhmenkirch geliefert werden. Pferde und
Ochsen wurden mit Ungestümm gefordert und
hinweggenommen, die Bauern mitgeschleppt
und ihnen überlassen, für ihren und ihrer Pfer=
de Unterhalt zu sorgen. Die schönen, reichen
Felder Heidenheims waren durch Lager und
die darinn weidenden Pferde der Armee ver=
derbt; die Hofnung zur gesegnetesten Erndte
wurde bis zur Hälfte zernichtet; die Gärten
wurden ausgeleert, die Zäune und andere Ein=
fassungen zerstöhrt.

Von dem Betragen der Franken hatte man
noch nichts erfahren. Seit ihrem Einfalle in
das Wirtembergische war der Postenlauf, der
Kunde von ihnen hätte bringen können, ge=
hemmt.

hemmt. Die Nachricht von ihrer edlen, scho-
nenden Behandlung der Wirtemberger war
ihnen vielmehr, ich weis nicht auf welchem
Wege, vorausgegangen. Kein Wunder daher,
daß man ihre Ankunft mit sehnendem Verlangen als eine Befreyung von allem bisherigen
Uebel wünschte. *)

Am

*) Dieß war überall der Fall. Man machte
sich aber damit der größten Unbilligkeit
gegen die Kaiserlichen schuldig, indem die
Bedrückungen, welche sich der Landmann
durch sie gefallen lassen mußte, schlechter-
dings unvermeidliche Folgen des Krieges
sind, und die Generalität und insbeson-
dere des Herrn Generalissimi Königl. Hoheit bey gemachten Vorstellungen alles auf-
boten, um sie so viel möglich zu vermin-
dern. Aber jene Unbilligkeit war eine
Wirkung unsers gänzlichen Mangels an
Erfahrung von ähnlichen Ereignissen,
und ist in so ferne entschuldbarer.
Man bestrafte sich auch überall selbst sogleich darüber, so bald die Franzosen ankamen. Diese Bedrückungen werden deß-

Am 2. August endlich, Nachmittags um
1 Uhr stürzten sie aus allen Wäldern der Ge=
gend mit einem wilden Geschrey, gleich dem
Barritus der alten Germanen auf die im
Thale im Vertheidigungsstande harrenden Oe=
sterreicher los. Lebhaft war der Angriff, die
Vertheidigung nicht minder, und der Rückzug
der Oesterreicher ordnungsvoll und schön. We=
nige wurden verwundet und auf beyden Seiten
nur 6 Mann getödtet. Der fliehende Feind
wurde nicht weit verfolgt. Noch während dem
Gefechte, nahe vor den Mauren der Stadt,
drangen Chasseurs durch die Thore, ritten wü=
thend durch die Straßen, hielten jeden Vorü=
bergehenden an, forderten mit Säbeln und Pi=
stolen auf Räuberart Uhren und Börsen und
plün=

halb gar nicht angeführt, um die kaiserli=
che Armee in Schatten zu stellen, welches
auch um des angeführten Grundes willen
nicht seyn könnte; sondern blos um das
Gemälde von dem, was Schwaben
durch den Krieg überhaupt gelitten hat, so
vollständig als möglich darzustellen.

A. d. R.

plünderten in der Stadt und in den Vorstädten förmlich einige Häuser. Schrecklich waren die Einwohner in ihren Erwartungen betrogen, und hinweg war nun auf einmal alles Zutrauen zu den Herbeygesehnten.

Wehklagende Weiber und zitternde Männer umringten schon, ehe der General St. Cyr ankam, die für ihn bestimmte Wohnung. Er versprach Untersuchung und Hülfe und bestellte einen Stadtkommandanten Maret, der strenge Maasregeln nahm, und durch plötzlich an öffentlichen Orten angeschlagene Plakate dem Unwesen der Plünderung einigermaßen steuerte.

Aber nun fieng ein zweyter Akt an.

Die Angekommenen verlangten Quartier und Befriedigung einer Menge anderer Bedürfnisse. Das Andringen der vielen Hunderte ist unbeschreiblich. Mit Ungestümm, Stolz und Uebermuth verlangten sie alles. Sie forderten die Ausführung von Dingen, die Vorbereitungen von Tagen und Stunden voraussetzten, in Minuten und Sekunden; sie waren lüstern nach Sachen, die man nicht hatte und nicht anzuschaf-

schaffen wußte. Aber auch hier fand man bey
Maret viele Bereitwilligkeit und Unterstü=
tzung. Dieser thätige, feurige Mann, der ei=
nen menschenfreundlichen und liebenswürdigen
Charakter durch alle seine Handlungen zeigte,
war, wo er das größte Gedränge bemerkte,
gegenwärtig, und ohne ihn wären in den ersten
Augenblicken der Verwirrung und des Schre=
ckens die *Officiers municipeaux*, wie die Fran=
ken die beym Quartieramte angestellten Perso=
nen nannten, schrecklich mishandelt worden.
Der wärmste Dank sey ihm dafür hiemit nach=
gerufen!

General St. Cyr, der bescheidener als an=
dere nachgekommene Generale weder Geschenke
heischte noch annahm, *) und so viel er konnte,
Unordnungen zu verhindern bemüht war, blieb
wenige Tage. Er rückte vor auf der Straße,
die über Neresheim nach Nördlingen
führt.

Nun rückte das Moreauische Haupt=
quartier ein. Die vielen Officiere bey demsel=
ben

---

*) Wie ist dieß mit Seite 91 erste Liefer.
zu vereinigen? D. R.

den schienen das Nachdenken über ihren künftigen großen Zug an die Donau bisher verschoben zu haben. Es war eine ihrer ersten Handlungen, alle Landkarten von Schwaben und Bayern, die sich in der Stadt fanden, zu requiriren. Sie zogen sich in ihre Zimmer zusammen und arbeiteten mit dem angestrengtesten Eifer, und diese Thätigkeit erstreckte sich sogar auf die gemeinen Soldaten. Nicht selten sah man einen Cirkel von 10 bis 12 Mann Stunden lang beysammen stehen, und mit einer durch den langen Gebrauch fast unlesbar gewordenen Charte in der Hand die ernsthaftesten Ueberlegungen anstellen. Ein merkwürdiger Kontrast mit manchen andern Hauptquartieren, in denen bis zum Anbruche des Morgens die tollsten Hazardspiele getrieben werden!

Sogleich bey dem Einrücken des Hauptquartiers wurde ein wanderndes Spital — *Ambolançe* — auf unserm Schlosse Hellenstein angelegt, und täglich kamen von denen in unsrer Gegend vorgefallenen vielen Vorpostengefechten Verwundete in demselben an. Sie wurden mit wenig Vorsicht transportirt.

Auf

Auf gemeinen Leiterwägen, kaum mit Stroh
bedeckt, lagen die Verstümmelten, und mußten
nach ihrer Ankunft oft Stunden lang auf die
Untersuchung ihrer Wunden warten. Die bey -
dem Spitale angestellten Chirurgen, — nach
ihrem originellen Namen *Officiers de santé* —
gehörten, so wie die *Inspecteurs des vivres,
Garde magacins* und *Employès*, die ich weiter
unten zu schildern Gelegenheit finden werde, zu
den gewaltthätigsten und habsüchtigsten Leuten
bey der Armee. Sie requirirten kostbare Weine
und theure seltene Gattungen von Lebensmit=
teln für ihre Kranken, um sie in ihren
Gelagen selbst zu verzehren. Sie forderten
feine, neue Leinewand zum Verbande, be=
hielten aber solche für sich zu Hemden, und
ließen die alte, die sie wirklich nöthig hatten,
mit Gewalt wegnehmen.

Schon hatte der Aufenthalt der Feinde über
8 Tage gedauert. Erpressungen und Demü=
thigungen aller Art hatten jeden Ausdruck von
Frohsinn und Heiterkeit von allen Gesichtern
verscheucht. — Allein itzt sollte es einige Tage
ruhiger werden, und eine kurze Periode zum
Ausathmen kommen.

Q   Die

Die Position der Oesterreicher bey Nördlingen war lange das nicht, was man erwartet hatte. In der linken Flanke derselben war
eine Anhöhe, die der Feind inne hatte, und von
welcher die Seite und der Rücken beunruhiget
werden konnte. Karl zog sich daher bis an
das Dorf Möttingen zurück, und wurde am
10. August Abends, gerade als seine Armee ein
Fest wegen eines in Italien erfochtenen Sieges feyerte, angegriffen. Er widerstand; die
Franken flohen. Am 11. August rückte er
dritthalb Stunden vor, griff den französischen
linken Flügel unter Moreau und Dessaix
an, und eines der hitzigsten Gefechte begann.
Die Franken hielten drey erneuerte Angriffe aus,
behaupteten ihre Stellung bey Dunstelkingen, unerachtet das Dorf durch österreichische
Haubitzen zerstöhrt wurde, und wichen keinen
Schritt. Der Sieg war ihnen. Sie drangen
schleunig vor.

Anders gieng es aber auf dem französischen
rechten Flügel bey dem Kloster Mödingen,
auf der Straße nach Augsburg. Der Feldmarschall Lieutnant Hoze griff solchen mit
einem

einem Nachdrucke an, der den General Du=
hem, welcher ihn kommandirte, zu fliehen
nöthigte. Er wurde weit hinter Heiden=
heim zurückgeworfen, und da war es, wo
französische Officiere mit noch frischen bluten=
den Wunden hieher gesprengt kamen, und dem
Hauptquartiere die schreckliche Kunde von dem
eilenden Andringen des Feindes brachten. Ein
Geist der Angst und Bestürzung ergriff alle
Franken. Ich sahe zitternde, weinende Män=
ner. Das Einpacken ihrer Effekten, und das
Laden ihrer Wägen geschah mit einer beyspiel=
losen Behendigkeit. In einer Stunde war die
ganze große Menschenmasse, die Heidenheim
in sich fassen mußte, verschwunden. Ihre Eile
war so groß, daß 6 österreichische Kadetten,
die auf dem Rathhaus in Gefangenschaft lagen,
vergessen und zurückgelassen wurden. Sie be=
freyten sich selbst, und zogen jubelnd zu ihrem
Heere.

Aber durch die Bewegungen der Franken,
die auf der einen Seite sich zurücke zogen, und
auf der andern unaufhaltsam vordrangen, wurde
die Stellung der Armee verändert. Karl
hatte Ursache, zu besorgen, der Rückzug über die

Das

Donau möchte ihm abgeſchnitten werden. Er
konnte alſo die Vortheile des von Hoze errun=
genen Sieges nicht benützen, fieng am 13. an
bey Donauwörth über den Strom zu gehen,
und trennte ſich bey Nordheim von Latour,
der die Straße nach Augsburg, da er ſeiner
Seits die ſeinige nach Ingolſtadt nahm. *)

Dieß alles bewirkte, daß die Oeſterrei=
cher die hieſige Gegend wieder freywillig ver=
lieſſen. Die Franken hatten ſich indeß in un=
ſern Wäldern wieder geſammelt, und ſchon am
12. Abends um 3 Uhr ſahen wir wieder zwey
Chaſſeurs die Hauptſtraße der Stadt durchja=
gen. Zufällig waren noch zwey kaiſerliche Hu=
ſaren hier, einer wirklich im Begriffe fortzu=
reiten, der andere vor der Schmidte ſtehend,
um ſein Pferd beſchlagen zu laſſen. Die Chaſ=
ſeurs

*) Ich habe die Vorfälle vom 10. und 11.
Auguſt nach den Angaben deutſcher und
franzöſiſcher Augenzeugen, in ſo ferne die=
ſelben übereinſtimmten, erzählt. Der
Menſchenverluſt belief ſich auf beyden Sei=
ten an dieſen zwey Tagen wahrſcheinlich
auf 6000 Mann. A. d. V.

ſeurs überſahen den Stehenden, und ſprengten mit gezogenen Säbeln auf den andern an. Er vertheidigte ſich gut, erhielt einige Wunden und floh unverfolgt. Kaum hundert Schritte von der Stadt erwartete er ruhig ſeinen Kameraden, ließ den endlich Kommenden nahe an ſich hin= reuten, tödtete ihn unter dem Ausrufe: „Schur= ke, warum haſt du mir nicht geholfen?" mit einem Piſtolenſchuſſe, bemächtigte ſich ſeines Pferdes und flog davon.

Am 13. Morgens zogen in ſchöner Ordnung Tauſende von Franken durch die Stadt. We= nige Tage ſpäter kam das *Quartier gènèral des adminiſtrations*, und mit ihm begannen neue Bedrückungen. Die Feldbäckerey wurde hier angelegt. Tauſend *Qinteaux* Mehl ſoll= ten eiligſt — *tout de ſuite, ſur le champ* ſprachen die Requiſitionen, — herbeygeſchaft werden. Die benachbarten wirtembergiſchen Städte lieferten die ihnen beſtimmten Summen von Brodfrüchten hieher, und unſre Müller mußten ſie unter der Aufſicht von Chaſſeurs mahlen. Während dieſes Geſchäftes wurden gewöhnlich jene von dieſen mißhandelt und ihres

Q 3   Gel=

Geldes und ihrer Kleider beraubt. Eine Men=
ge Abgaben an Haber, Heu, Stroh ꝛc. muß=
ten geliefert werden, wobey noch der beschwer=
liche Umstand eintrat, daß jede Abgabe, wenn
sie die erforderliche Eigenschaft zur Abrechnung
an der Landeskontribution haben sollte, durch
einen Kriegskommissär vorher als richtig aner=
kannt (visirt) werden mußte. Es war dieses,
wie man sich ausbrückte, eine unerlaßliche
Bedingung, von der die Gültigkeit der Lie=
ferungen abhängen sollte. Man wendete deß=
wegen alle Mühe an, um das wichtige *Visa*
der Kommissäre zu erhalten. Aber diese Herren
waren gewohnt, es so lange zu verweigern,
bis sie klingende Münze sahen, oder bis ihnen
das unumwundene deutliche Anerbieten einer
bestimmten Summe gemacht wurde. Eine er=
giebige Quelle zu großen Erpressungen entstand
also daraus, und die auf diese Art verschwen=
deten Summen sind sehr beträchtlich.

Noch ärger aber betrugen sich die *Garde*
Magasins. Hier trieb einer Namens Goupi
sein Unwesen fast 14 Tage lang. Er übernahm
die Brodfrüchten und das Mehl, und bediente
sich

ſich, um ſich zu bereichern, bald der ſchlauſten
Ränke, bald der plumpſten Betrügereyen. Lie=
ferte eine entfernte Stadt, z. B. Blaubeuren,
die ihr vorgeſchriebene Quote an Früchten, ſo
machte er Anſtalt, mit der bedächtlichſten Ge=
nauigkeit jeden einzelnen Sack abwägen, und die
innere Beſchaffenheit eines jeden langſam unter=
ſuchen zu laſſen. Er ſahe ein, daß der Ab=
geordnete, der mit Leuten und Pferden hier
einen theuren Aufenhalt hatte, ſchleunige Ab=
reiſe wünſchen mußte. Er zögerte alſo abſicht=
lich, ſetzte mit dem Geſchäfte des Abwägens
ſogar ganze Tage aus, ſprach von neuen Hin=
derniſſen, die ſich Morgen wieder zeigen wür=
den, und brachte dann endlich den Abgeordne=
ten, dem ſein Magiſtrat Eile und Sparſamkeit
empfohlen hatte, dahin, daß er die Thätigkeit
des Zauberers durch Geſchenke zu beflügeln
ſuchte. Dieß war es, was man wollte. Ent=
ſprach das Geſchenke der Erwartung, ſo war
das Geſchäfte geendigt; im entgegengeſetzten Falle
aber erheiſchte der Nutzen der Republik die
Fortſetzung der pedantiſchen Unterſuchung, bis
ein größeres Offert auch dieſen überwog. Alle
Kleyen von den gemahlenen Früchten mußte

Q 4   Gou=

Goupi besonders übergeben werden. Er ließ sie unter das Mehl mischen, behielt so viel Mehl, als Kleyen eingemischt worden, zum Verkaufe zurück, und lieferte damit doch die vollständige Summe zu der Armee. Beym Abwägen der Früchte mußte er so zu betrügen, daß niemals das Gewicht, das man zu liefern glaubte, herauskam. Man mußte sich wegen dem Deficit in Geld mit ihm abfinden. Ueberhaupt will ich Goupi beweisen, daß er hier in nicht vollen 14 Tagen durch künstlichen und plumpen Betrug wenigstens 250 Louisd'ors gewonnen.

Der bey dem Haber= und Heumagazin angestellte *Employé* Auge ahmte ihm nach. Auch ihm brachte Heidenheim Geld, Uhren u. d. gl. Er war feiner als Goupi. Seine Betrügereyen erhielten weniger das Gepräge der Publicität.

Heidenheims Lage war also schon nach dieser kurzen Skizze traurig. Zur vollen Erholung braucht es mehrere Lustren, besonders da noch eine Viehseuche, wahrscheinlich eine Folge des Kriegs, schreckliche Verheerungen angerichtet.

tet, und den Landmann sogar an vollständiger
Bestellung seiner Winterfelder gehindert hat.

Der große Kriegsschaden ist noch nicht ganz
berechnet. Nur die Summe der gewaltsa=
men Plünderungen durch die Fran=
ken beläuft sich nach gerichtlichen Untersuchun=
gen im ganzen Oberamte auf 142000 Gulden.

D. H—n.

III.

Nachrichten aus dem Ries.

Rückzug der Depots.

Am 12. Jul. kam die erste Abtheilung des kai=
serlichen Artilleriedepots nach Nördlingen
und verweilte daselbst bis am 5. August. Eine
dortige Kirche wurde auf Verlangen des Artil=
leriehauptmanns Bauer zu einem Pulverma=
gazin eingeräumt. Da sich aber viele in der
Nachbarschaft dieser Kirche wohnende Bürger

Q 5

des=

deßwegen beklagten, so wurde das Pulver auſer-
halb der Stadt in hölzernen Hütten niedergelegt.
Zuvor war dieſes Depot in Laufen und Heilbronn, und kam von Nördlingen nach
Neuſtadt an der Donau.

Am 21. Jul. kam das k. k. Werbkommando
von Mannheim auf einige Tage hieher. Am
23. rückte der General Feldmarſchall Lieutnant
Baron von Lilien mit dem Kriegskommiſſa-
riat, der Kriegskanzley, der Feldpoſt ꝛc. ꝛc. ein,
und verweilte zwey Tage.

Noch vor der Ankunft des Artilleriedepots
war von Ulm die ſchwäbiſche Kreiskaſſe und
das Kreisarchiv nach Nördlingen geflüchtet
worden. Dann kam beydes nach Augsburg.

Die kaiſerliche Armee.

Das Hauptquartier des Erzherzogs Karl
kam am 3. Auguſt von Nereshelm nach
Nördlingen. Die bekannteſten Generale,
die ſich bey demſelben befanden, waren Bel-
legarde, Latour, Sztarrai, Prinz
Baudemont von Lothringen, Kollo-
wrath,

wrath, Barbaſon und Schlegelhofen.
Sie wurden alle mit einer Menge Officiere und
800 Pferden in die Stadt und einige vor derſelben liegende Gebäude einquartiert. Die
Armee lagerte ſich dicht daran gegen Neresheim zu auf und um die Anhöhen Galgen-
berg und Todtenberg. Ein anderes
Korps unter dem Fürſten von Lichtenſtein,
der in Wallerſtein einquartirt war, lagerte
ſich zwiſchen dieſem Orte und Goldburghau-
ſen an der Straße nach Ellwangen, von
wo die Feinde ebenfalls in das Ries einzubre-
chen drohten.

Hier fühlten wir ſchon empfindlich genug
einen großen Theil der Leiden des Krieges,
welche ſelbſt die Heere des Freundes unvermeidlich über die von ihnen vertheidigten Gegenden
herbeyführen.

Beyde Korps kamen gerade vor der Erndte
an, und da ſie ſich größtentheils in Kornfelder
lagerten, ſo wurde dadurch den Ackerbeſitzern
ein großer Schaden zugefügt. Es wurde eine
Menge Getraide zu Grunde gerichtet. Die
Truppen machten dazu bey ihren Bewegungen
öfters

öfters den geraden Weg durch die Aecker, und da eben Regenwetter einfiel, so wurde ein Theil der Kavallerie genöthiget, einen andern Lagerplatz zu suchen, den sie wieder in einem Kornfelde nahmen. Die Hütten der Soldaten und besonders der Marketender wurden mit Getraide gedeckt, so wie auch mit demselben, statt des Strohes, das Feuer angeschürt und unterhalten wurde. Auch die Bauern, welche mit ihrem Zugvieh zum Vorspann oft aus sehr fernen Gegenden hieher gekommen waren, sahen sich genöthiget, weil sie kein Futter mehr hatten, das unreife Getraide abzumähen. Mehrere Gärten wurden sehr übel zugerichtet. Da man nicht genug Brennholz herbeyzuschaffen im Stande war, so brachen die Soldaten Zäune, Schranken, Geländer, Thüren und d. gl. ab, um das Feuer zu unterhalten. Am 9. August früh brach die Armee auf, und lagerte sich 2 Stunden weiter von hier, gegen Donauwörth zu, um die Dörfer Möttingen, Appezhofen, Lierheim und Balgheim; der Erzherzog selbst nahm sein Quartier in Möttingen. Am 10. August feyerte die Armee einen Sieg, der in Italien erfochten war.

Am

Am 12. war das Hauptquartier in Harburg und am 13. in Donauwörth.

Gefechte in dieser Gegend.

Während sich das kaiserliche Hauptquartier in Nördlingen und Möttingen befand, fielen in dieser Gegend mehrere Gefechte vor, von denen aber nur das auf dem Hertfelde, welches am 11. August vorfiel, ein Treffen genannt zu werden verdient. In dem Gefechte bey Bopfingen, welches am 5. August geliefert wurde, ward ein französischer Heerhaufen, welcher auf der Straße von Lauchheim in das Ries einbrechen wollte, und schon bis Kirchheim, wo die Soldaten in dem dortigen Nonnenkloster und bey einigen Einwohnern plünderten, vorgerückt war, durch das Korps des Fürsten von Lichtenstein bis Aufhausen, eine halbe Stunde hinter Bopfingen, zurückgeworfen, gegen 500 zu Gefangenen gemacht, welche am 5. und 6. durch Nördlingen geführt wurden, von denen sehr viele schwer verwundet waren.

Am 8. wurden die kaiserlichen Vorposten bey Neresheim angegriffen. In dem dadurch

durch entstandenen Gefechte konnten die Kaiserlichen den Feinden nichts abgewinnen, weil
diese nur aus den Wäldern, in welchen sie oft
einzeln hinter Gebüschen und Bäumen standen,
herausschoßen, ohne sich auf das Freye zu
wagen.

Am 10. wurde das Korps des Generals
Hoze angegriffen, welcher damals sein Hauptquartier in Amerdingen hatte. Dieser Ort
liegt 4 Stunden von Nördlingen und beynahe eben so weit von Dillingen. In der
folgenden Nacht ließ der Erzherzog den größten
Theil seiner Truppen aus dem Lager bey Möt-
ringen aufbrechen, um den nachrückenden
Feind anzugreifen. Dieser Angriff geschah früh
um 5 Uhr. Das Schlachtfeld war sehr ausge-
dehnt, und wegen der vielen Wälder und Berge
für die Kaiserlichen, weil da ihre Reuterey nicht
frey genug agiren konnte, ungünstig, hingegen
desto günstiger für die Franzosen, die sich in
das Gebüsche postirten, und durch ihr verdecktes
Feuer viele Oesterreicher tödteten. Die Linie
der kaiserlichen Armee erstreckte sich von Nördlingen über Eberheim und Wittislingen
bis

bis Dillingen; die der französischen aber von Bopfingen über Neresheim und Heidenheim bis Giengen. Vormittags war der Sieg ganz auf der Seite der Kaiserlichen, welche den Feind bis an die Remse zurückwarfen; aber Abends wurden sie wieder geschlagen, und eine Menge ihrer Todten und Blessirten lagen auf dem Schlachtfelde. *) Die pfälzischen Truppen haben besonders stark gelitten. Das Dorf Dunstelkingen bey Dischingen wurde von den Kaiserlichen beschossen, weil sich die Franzosen darein geworfen hatten, und 75 Gebäude durchs Feuer zerstöhrt. Viele Leichname von deutschen Streitern, welche in diesem Treffen gefallen waren, fand man noch nach einigen Wochen unbegraben in den Wäldern. Bey dieser Action war das Centrum bey Eglingen

---

*) Eigentlich wurde der rechte Flügel der Oesterreicher geschlagen, während der linke siegte, und bey der Niederlage des erstern konnte der letzte seinen Sieg nicht verfolgen. Man vergleiche den vorigen Aufsatz und die Uebersicht in dieser Lieferung.

A. d. H.

gen von dem Erzherzoge Karl, der linke Flü=
gel von General Hoze, und der rechte von
den Generalen Lichtenstein, Latour,
Sztarrai und Prinz von Wirtemberg,
welche letztere drey nahe bey Nördlingen
hielten, kommandiert. Noch am Abend dieses
Tages begab sich ein Theil der Oesterreicher
wieder in das Lager bey Möttingen zurück.
Der Rückzug der ganzen Armee geschah am
12. August.

Ankunft und Betragen der Franzosen.

Am 13. Aug. Vormittags um 8 Uhr ritten
die ersten 50 Chasseurs in Nördlingen ein.

Da gerade Wochenmarkt war, an welchem
viele Landleute in der Stadt zu seyn pflegen,
so eilten diese, als sie von der Ankunft der Feinde
hörten, unverzüglich nach Hause, nachdem sie
ihre Waaren geschwinde verkauft hatten. Einige
Bauern warfen sogar ihre Rüben auf die Stra=
ßen, um desto eiliger fortzukommen. Die ersten
Erecsse, welche diese Vortruppen begiengen,
bestanden darinn, daß sie sich nicht nur in ihrem
Quartier sehr lärmend und ungenügsam betru=
gen

gen, sondern auch sogleich den Kaufläden zulie=
sen, und für Assignate und Mandate allerhand
Waaren einkauften. Auf diese Art haben sie
mehrere Häuser um ungefähr 500 fl. zusammen
geprellt. Doch hatte diese Handelschaft bald
ein Ende. Denn nach wenigen Stunden waren
alle Kaufläden gesperrt, so wie schon vorher
von den meisten Wirthshäusern die Aushäng=
schilde abgenommen worden waren.

Die Bemühungen eines französischen Offi=
ciers, dem Unfuge seiner Landsleute zu steuern,
verdienen vorzüglich bemerkt zu werden. Er
ließ sie auf dem Marktplatze zusammen kommen,
stellte ihnen das Unrühmliche ihres Betragens
auf das lebhafteste vor, und brachte sie endlich,
ob er gleich nicht von ihrer Brigade war, nach
vielem und heftigem Streiten, wobey es oft
zwischen ihnen zum Handgemenge zu kommen
schien, dahin, die Stadt zu verlassen. Der
Name dieses würdigen Officiers ist Gouchon;
er war Lieutnant von den Chasseurs zu Pferde.

Nach diesen Auftritten ließ sich wenig Gutes
von der Zukunft erwarten. Doch beruhigte man
sich etwas, als die Deputirten, welche gleich

nach

nach dem Einreiten der erſten Franzoſen am
13. Aug. in das Hauptquartier des Generals
Moreau nach Neresheim abgeſchickt wor=
den waren, mit der Nachricht zurückkamen,
daß von dem Feinde Schutz und Sicherheit ver=
ſprochen ſey. General Delmas ertheilte noch
überdieß der Stadt Nördlingen und den
geſamten Oettingiſchen Häuſern förmliche
Schutzpatente.

Am 17. marſchirte eine Abtheilung der feind=
lichen Armee aus den nahen Wäldern, an der
Stadt vorüber, Donauwörth zu. Aber der
bey weitem größte Theil zog durch die waldig=
ten Gegenden von Aalen her über das Herts=
feld und durch das Keſſelthal *) an die
Donau.

Da die Zahl der Franzoſen, welche zu
gleicher Zeit in Nördlingen waren, ſelbſt
die Kommiſſairs und Becker mitgerechnet, nie=
mals

---

*) Ein waldichter Landesſtrich zwiſchen der
  Donau und dem Ries, von dem klei=
  nen Flüßchen Keſſel durchſtröhmt.
  Markt Biſſingen iſt der wichtigſte
  Ort darinn.

mals die von 3 bis 400 überstieg, und schon
am 13. Aug. Abends eine aus ungefähr 50 Mann
Kavallerie bestandene, und ein paar Tage dar=
auf durch ein Grenadierkommando von 66 Mann
abgelößte Sicherheitswache einrückte, so konn=
ten nicht viele und grobe Excesse vorfallen. Vier
Franzosen, von denen zwey in der Gerbergasse
plündern wollten, ein dritter zu einer andern
Zeit in der Trunkenheit eine Thüre einzuhauen
versuchte, und der vierte, ebenfalls betrunken,
in der Nacht sein Quartier nicht finden konnte,
und deswegen die Fensterläden eines Hauses
zerhieb, wurden von hiesigen Bürgern so
derb abgeprügelt, daß der hiesige Magistrat,
durch die deswegen erhobene Klage des Kom=
mandanten, genöthiget war, in einem öffentli=
chen Anschlage die Bürger zu ermahnen, daß
sie keinen Soldaten, der sich grobe Ausschwei=
fungen erlaube, grausam mißhandeln, sondern
zu dem Kommandanten führen sollten.

Lästiger, als diese Art von Excessen waren
für Nördlingen die vielen und oft sehr be=
trächtlichen Requisitionen, von Brod, Mehl,
Getraide, Heu, Haber, Stroh, Ochsen, Klei=
der,

dern, Schuhen, Stiefeln, verschiedenen Arbeiten der Sattler, Seiler, Schmidte u. s. w. welche Sachen, theils durch die Pferde hiesiger Bürger, theils durch die Pferde und Ochsen der Landleute, zu der Armee geliefert werden mußten. Holz für die Beckerey, welche mehrere Tage lang hier einen Aufenthalt hatte, mußte durch benachbarte Herrschaften herbey geschafft werden, weil der Vorrath davon in dem hiesigen Holzmagazin schon durch die kais. Armee verbraucht worden war. Die Herrgottskirche, welche zu dem ehemaligen Karmeliterkloster gehörte, wurde zu einem Heumagazin gemacht, wozu das Heu aus der ganzen Gegend zusammen geführt ward. In den Kastenhäusern, das Ansbachische ausgenommen, nämlich in dem Deutschordischen, Kaisersheimischen und Ellwangischen Hause, wurde unverzüglich alles Getraide in Beschlag genommen, und nach Donauwörth geführt. Auf den Speichern des Deutschen Hauses lagen allein 3000 Malter Früchte.

Unendlich mehr als die Stadt litten die Dörfer durch die Habsucht und Roheit der Soldaten.

daten. Dieses Loos traf besonders die Ortschaf=
ten um Neresheim, Dischingen und im
Kesselthal. Was die kaiserlichen Maro=
deurs den geängsteten Landleuten jener Gegen=
den noch gelassen hatten, das raubten mit Ge=
walt und List die Franzosen. Alle Kästen und
Schränke wurden erbrochen und ausgeleert,
und was man nicht gebrauchen konnte, größ=
tentheils muthwillig zerstöhrt. Vielen Leuten
wurden die Kleider vom Leibe genommen, und
besonders die Schuhe ausgezogen. Einige Ort=
schaften wurden so sehr aller Lebensmittel beraubt,
daß die Inwohner von ihren Räubern das
Brod betteln, und nachher aus der Nachbar=
schaft mit Zufuhre unterstützt werden mußten.
Das Geld wußten die Feinde auf allerley Art
zu erpressen, und das Versteckte sehr geschickt
zu finden. — Viele Dorfpfarrer, so wie die
Klöster Kaisersheim, Neresheim, Kirch=
heim und Deggingen, wurden von ihnen
besonders hart mitgenommen.

In dem Dorfe Pflaunloch, zwischen
Nördlingen und Bopfingen, wollten
einige Reuter, die vor der Armee herstreiften,

R 3   plün=

plündern. Aber die Einwohner, unter welchen
auch viele Juden sind, rotteten sich zusammen
und verjagten sie. In Löpsingen, auf dem
Wege nach Oettingen, hatten sie schon an=
gefangen zu rauben, und dem Prediger des
Ortes Geld abgefordert, als einige Bauern
die erdichtete Nachricht ausbreiteten, daß vor
dem Dorfe kaiserliche Kavallerie halte, und zu
essen verlange. So bald die Franzosen das
hörten, liessen sie ihre Beute im Stiche und
eilten davon. *)

Mit

*) Die Landleute nahmen oft zu sehr son=
derbaren Kunstgriffen ihre Zuflucht, um
die Plünderung von ihren Häusern abzu=
halten. Viele schlugen die Fenster hinaus,
und warfen im Zimmer alles unter einan=
der, um die Räuber glauben zu machen,
als wären sie schon geplündert. So abge=
nutzt diese List war, so that sie doch gemeinig=
lich ihre Wirkung. — Auf dem Welz h ei=
mer Walde zerstöhrte ein Bauer in seiner
Wohnstube zwey Bienenstöcke. Als die
Franzosen eintraten, fanden sie den Auf=
enthalt unter den erzürnten Thieren auf=

Mit Brod, Heu und andern Bedürfniſſen, welche ſie oft in großer Menge, durch Requiſitionen zuſammen brachten, giengen ſie äuſerſt verſchwenderiſch um. In den Wäldern, wo ſie ſich gelagert hatten, hat man nach ihrem Abzuge viel Brod auf der Erde liegend gefunden, und hie

R 4   und

ſerſt mißbehaglich, und zogen ſich ſogleich wieder zurück. — In einem ellwangiſchen Dorfe bedeckte ein Bürger eine Schranne mit einem ſchwarzen Tuche, ſtellte brennende Kerzen umher, und bat auf den Knien mit ſeinen Kindern für die arme Seele. Auch da kamen ſie nur bis unter die Stubenthüre. — Ein anderer auf dem Aalbuche vertheilte in ſeinem Hauſe einige Gefäße, welche er zuvor in dem Abtritte mit Koth angefüllt hatte. Als die Franzoſen ankamen, ließ er ſie durch die dazu geſtellten Leute fleißig umrühren. Die Chaſſeurs waren kaum über die Schwelle getreten, als der Geſtank ihnen entgegen kam. *C'eſt inſupportable!* riefen ſie aus, — und machten ihren Beſuch beym nächſten Nachbar. — D. R.

und da auch ausgehöltes, welches mit Men=
schenkoth angefüllt war. Man fand allerhand
Geräthschaften, welche sie aus den Dörfern in
die Lager geschleppt, und, weil sie solche nicht
mitnehmen konnten, zerstöhrt hatten. An Holz
haben sie unermeßlichen Schaden gestiftet, der
für unsre Gegend um so empfindlicher seyn muß,
da hier dieses Produkt selten und theuer ist.
Des Nachts unterhielten sie viele und große
Feuer, die erstaunlich viel Holz verzehrten,
und dann fällten sie viele Bäume, um sich Hüt=
ten daraus zu bauen, welche mit Thüren, Fen=
sterläden und Brettern bedeckt wurden.

Unruhiger Zusammenlauf gegen die Fran= zosen in Nördlingen.

Nach der Schlacht bey Amberg am 24.
August, in welcher die Sambre=Maas Ar=
mee gänzlich geschlagen, und zum Rückzuge
genöthiget wurde, streiften kaiserliche Truppen,
welche diese Armee verfolgten, bis nach Schwa=
ben herein. Am 30. Aug. wurde durch eine
solche Streifparthie in Oettingen, ein fran=
zösischer Kommissär, nebst einigen Soldaten
aufgehoben. Den zweyten Tag darauf zeigten
sich

sich 10 Reuter von derselben Truppe, schon
Vormittags um 9 Uhr, vor den hiesigen Thoren, welche, weil schon einige Tage vorher die
Nachricht hieher gekommen war, daß die Kaiserlichen in der Nähe streifen, auf Befehl des
französischen Kommandanten Blanchot geschlossen waren. Sie schossen auf die auf
der Schanze des Reimlinger Thores
stehenden Franzosen, welche ihnen häufig auf
die nämliche Art antworteten, ohne daß von
beyden Seiten nur ein Mann verwundet worden wäre. Einige Chasseurs sprengten darauf
zum Thore hinaus, verjagten die Reuter, und
nahmen einen gefangen.

Als man die Ursache des Schiessens in der
Stadt erfuhr, so entstand unter einem Theile
der Einwohner die Besorgnis, es möchte ein kaiser-
liches Korps in der Nähe seyn, und die Stadt
könnte dann das Unglück haben, beschossen zu
werden, wenn die Thore nicht zeitig geöfnet
würden. Es versammelte sich eine kleine Rotte
von Pöbelvolk vor der Wohnung des Kommandanten, und verlangte dort mit Ungestümm
die Oefnung der Thore. Ein anderer Pöbel-

R 5   hau-

haufen lief bey der Herrgottskirche zusam=
men, weil das Gerücht entstanden war, die
Franzosen seyen Willens, das darinn befindli=
che Heumagazin anzuzünden. Sehr viele Leu=
te, größtentheils aus der niedrigsten Volks=
klasse, hatten sich unterdessen unter das Reim=
linger Thor selbst begeben, um dasselbe mit
Gewalt aufzuthun. Mehrere waren mit Prü=
geln, Gabeln, Aexten und ähnlichen Instru=
menten bewafnet. Die Franzosen schienen An=
fangs der Meynung zu seyn, diese Leute kämen
ihnen zu Hülfe; denn sie lachten darüber. Als
ihnen diese aber winkten und zuriefen, daß sie
die Schanze verlassen sollten, als endlich das
Thor aufgieng und von dem lermenden Haufen
gar Einer den gefangenen kaiserlichen Reuter,
der so eben hereingebracht wurde, frey machen
wollte: so merkten die Franzosen, daß es Ih=
nen gelte, und fanden dann für gut, der Ueber=
macht nachzugeben. Sie kehrten ihre Gewehre
um, stachen die Bajonette in den Boden und
schlichen sich durch den erhitzten Pöbel in die
Stadt.

Noch unter dem Thore begegnete ihnen der
Kommandant zu Pferd, der von dem Rathhause
her=

herkam, wo er vor dem Magiſtrate über dieſen
Vorfall heftige Klage geführt hatte. Er ließ
ſeine Soldaten wieder auf die Schanze zurück
gehen. Verſchiedene Bürger, welche, durch
den Lermen gereizt, herbeyeilten, und die un=
angenehmen Folgen überlegten, welche das un=
bedachtſame Betragen des Pöbels für die ganze
Stadt haben könnte, hatten ſich lange verge=
bens bemüht, den ungeſtümmen Haufen unter
dem Thor von ſeinem Vorhaben abzuhalten.
Aber ihre Warnungen wurden mit Schimpfre=
den beantwortet. Erſt als die Anzahl der ver=
ſtändigern Bürger, welche dieſelbe Sprache
führten, ſich vermehrte, und mit den anweſen=
den franzöſiſchen Kommiſſären auch Abgeord=
nete von dem Magiſtrate erſchienen, ließ ſich
der unbändige Haufe beſänftigen, und lief all=
mählich auseinander.

Die Ruhe war nun hergeſtellt; aber der
Kommandant konnte dieſen Vorfall nicht unge=
rügt laſſen. Er fand es ſeiner Pflicht gemäß,
noch an dem nämlichen Tage einen Bericht da=
von an die Generalität abzuſchicken. Er ver=
langte von dem Magiſtrate Genugthuung und
Aus=

Auslieferung derer, welche gegen ihn und seine Landsleute den unnöthigen Lermen erregt hatten. Man versprach ihm, um die Stadt und unschuldige Bürgerschaft keiner Gefahr auszusetzen, beydes. Es wurden die Bürger sogleich durch einen von dem Magistrate verordneten Aufruf ermahnt, sich ruhig zu verhalten, und gegen Niemanden mit Waffen Gewalt zu gebrauchen. Dieser Aufruf wurde auch gedruckt, und auf allen öffentlichen Plätzen und in den Straßen der Stadt angeheftet. Den andern Tag wurden neun Personen, welche sich am meisten vergangen und durch Ungestümm ausgezeichnet hatten, unter welchen sich auch eine Weibsperson befand, an den französischen Kommandanten ausgeliefert, der sie unverzüglich, nebst dem Thorwarte, welcher ohne seine Erlaubniß das Bergerthor geöfnet hatte, in das französische Hauptquartier nach Neuburg abführen ließ.

Unterdessen ließ auch der Kommandant eine gedruckte Proklamation, daß sich die Bürger gegen ihn und seine Landsleute in Zukunft ruhig betragen sollten, — öffentlich anschlagen. Eine

ne ausführliche, mit den einleuchtendsten Grün=
den belegte und in einem überredenden Tone ab=
gefaßte Anweisung, wie sich die Einwohner=
schaft in Zukunft, in ihrer damaligen Lage, zu
verhalten haben möchten, wurde in der von
dem würdigen Herrn Senator Wucherer bey
Gelegenheit dieses unangenehmen Vorfalls ver=
faßten Flugschrift: Ein Wort zu seiner
Zeit, gegeben, und unter der Bürgerschaft in
Umlauf gebracht.

Am 3. Sept. giengen magistratische Depu=
putirte in das Hauptquartier ab, mit dem Auf=
trage, die französischen Befehlshaber zu bitten,
daß sie das unbesonnene Betragen einiger we=
niger Unruhstifter nicht an der ganzen Stadt
rächen möchten. Sie kamen am 5. wieder mit
der Nachricht zurücke, daß es dem Magistrate
überlassen würde, die gedachten Verbrecher
nach der Strenge zu bestrafen.

Am 7. brachte man diese hieher, und die
Untersuchungen nahmen sogleich ihren Anfang.
Vier Tage später wurde die hiesige Besatzung
abgefordert, um sich wieder mit ihrer Brigade
zu vereinigen, weil sie in Gefahr war, von den

Kai=

Kaiserlichen überfallen zu werden. Schon war
die Untersuchung geendigt, und ein Deputirter,
um eine Milderung ihrer Strafe zu bewirken,
in das französische Hauptquartier abgereißt,
welcher aber wegen der annähernbern Kriegs-
gefahr unverrichteter Dinge wieder umkehren
mußte, — als am 18. Sept. mit Anbruch des
Tages 50 kaiserliche Dragoner und Chevaur-
legers durch zwey Thore in die Stadt herein
sprengten, die Gefangenen auf Anleitung eines
mitgebrachten Spions befreyten, und dafür 24
französische Becker, welche erst den Tag zuvor
angekommen waren, gefangen machten.

So hatte also der Auflauf weder für die
deßhalb verhafteten Personen, noch für die
Stadt bey weitem die unangenehmen Folgen
nicht, welche man mit so vielem Grunde be-
fürchtet hatte. Es mag seyn, daß die ernstliche
Mißbilligung dieses Vorfalls, sowohl von Seiten des Magistrats, als des allergrößten Thei-
les der Bürgerschaft, vieles zu der Nachsicht
beytrug, womit derselbe von französischer Seite
behandelt wurde. Dazu kam noch der sanfte
und gutmüthige Charakter des Kommandanten
Blau-

Blanchot, bey dem die unabläßigen Bitten
um einen günstigen Bericht an die Generalität
nicht fruchtlos bleiben konnten, — die gute Be=
handlung, welche die Franzosen hier genossen
hatten, — und endlich die Deputation, welche
unverzüglich in das Hauptquartier abgegangen
war. Doch mögen auch andere Ursachen dazu
mitgewirkt haben.

Es ist hiebey noch zu bemerken, daß zur
Zeit des Auflaufs die eigentliche Besatzung in
Nördlingen nur 66 Mann, lauter Infante=
rie, stark war; dazu kamen noch 50 Becker,
welche ebenfalls zu den Waffen griffen, und
etliche Chasseurs, Rekonvalescenten, und an=
dere zur Armee reisende Personen, so, daß sich
die ganze Mannschaft auf höchstens 150 Köpfe
belaufen mochte.

Ankunft des Nauendorfischen Corps im Ries.

Dieser tapfere Kaiserl. Heerhaufen kam aus
der Oberpfalz über Monheim und Wem=
dingen in die hesige Gegend. Am 18. Sept.
rückte der Vortrab unter dem General O=Reil=

Iy

ly an, und am folgenden Tage kam der General
Nauendorf selbst mit dem Prinzen Baude=
mont von Lothringen nach Nördlingen.
Die Truppen lagerten sich nahe an der Stadt,
auf dem Brachfelde. In der Nacht vom 19=20.
Sept. brach der Prinz Baudemont von da
mit einer Abtheilung des Heers nach Donau=
wörth auf. Die daselbst befindlichen Franzo=
sen flohen über den Strom, und zündeten die
Floßbrücke hinter sich an. Der kaiserl; Rente=
terey gelang es aber doch, über die brennende
Brücke zu kommen, und die Feinde auch jenseits
zu verfolgen. In diesem Platze fiel den Kai=
serlichen ein großes Getraide= und Heumagazin
in die Hände. Auch erbeuteten die Sieger meh=
rere Güterwägen, welche von Augsburg
herkamen. Am 22. Sept. gieng Graf Rauen=
dorf mit seinem Corps nach Neresheim
und von da nach Ulm.

IV.

IV.

Die Franzosen in Augsburg.

Schon seit der Mitte des Brachmonats wurde es in unsrer Stadt und Gegend immer bemerkbarer, daß sich die Scenen des Krieges uns mit schnellen Schritten nähern. Es kam eine Menge kaiserlichen Fuhrwesens, das von der Donau nach Baiern geschaft wurde, bey uns durch, oder vorüber. Viele Kranke und Blessirte wurden auf einige Tage einquartirt. Am 2. August passirte die Suite und Feldequipage des Erzherzogs durch die Stadt. An demselben Tage kamen auch unsre sämtlichen Kontingents-Soldaten bey uns an, nachdem die schwäbischen Truppen, vermöge des mit den Republikanern geschlossenen Waffenstillstands, auseinander gegangen waren.

Am 13. Aug. kam das Corps des Generals Fröhlich von Günzburg her in unsere Nähe und lagerte sich eine kleine Meile von hier, bey Steppach. Aber schon in der folgenden Nacht brach es wieder auf, und nahm

S

sei=

seinen Marsch an der **Wertach** hinauf, über
Bobingen und **Schwabmünchen.** —
Schon zuvor hatte unser Magistrat die Vorsicht
getroffen, für Stadt und Gebiet einen Schutz-
brief von dem Erzherzoge zu erbeten, wel-
cher auch am 12. Aug. in dem Hauptquartier
Medlingen ausgestellt ward, und unsern
Bürgern und Unterthanen Sicherheit gegen alle
Unordnungen des kaiserlichen Militärs ver-
bürgte.

Am 15. und 16. Aug. bezog der General
Feldzeugmeister **Latour** mit mehrern Regi-
mentern Kavallerie und Infanterie ein Lager
auf den Anhöhen von **Kriegshaber** und
Steppach und auf dem **Kobelsberge,** und
schien in dieser vortheilhaften Stellung Miene zu
machen, den Feind zu erwarten. Dadurch verbreitete sich allgemein die bange Furcht vor einer
Schlacht, die unvermeidlich für unsre Stadt
und Gegend sehr schädlich hätte werden müssen.
Als sich aber am 20. die Feinde auf der Straße
von **Markt Biberbach** her zeigten, so
brach das Lager auf, und postirte sich näher
an den Lech zwischen **Oberhausen** und
Gersthofen. Aber schon in der folgenden
Nacht

Nacht verließ es anch diese Position, und nahm
seine Richtung, theils gegen Friedberg,
theils gegen das Lechfeld. Nur zwey Eska=
drons kaiserlicher Husaren und einige Kom=
pagnien von Giulai postirten sich bey der
Behausung des Stadtjägers, welche ihre Vor=
posten gegen Kriegshaber und Gersthofen
ausstellten. An den Brücken über die Wer=
tach und den Lech wurden die ersten Joche
abgebrochen; am 21. Aug. früh wurden auf
das Verlangen des Feldzeugmeisters die hiesi=
gen Thore gesperrt.

Die Kaiserlichen betrugen sich während ihres
Hierseyns so, daß man im Grunde keine Ursache
hat, über sie zu klagen, besonders, wenn man
dabey die billige Rücksicht auf die Nothwendig=
keit nimmt, die einen großen Theil der Uebel
des Krieges unvermeidlich macht. Auch hatte
die Stadt ihrentwegen wenige Kosten, besonders,
wenn man das *Don gratuit* an Lebensmitteln, das
sich auf ungefähr 1500 Gulden belaufen mochte,
abrechnet, welches aus der öffentlichen Kasse
bestritten wurde. Die Auslecrung unsres Zeug=
hauses empörte freylich manchen Patrioten;

aber

aber man rechtfertigte sie kaiserlicher Seits mit Gründen, die auch nicht geradezu hinwegzuwerfen sind.

Am 21. Aug. Abends gegen drey Uhr erblickten wir zuerst von unsern Wällen mit Sehröhren französische Infanterie, die von Markt Biberbach her anrückte, und bald darauf zeigten sich große Haufen von Reuterey und Fußvolk in der ganzen Gegend von Gersthofen bis Steppach. Zwischen 8 und 9 Uhr wurde zwischen den feindlichen Vedetten und den kaiserlichen Vorposten vor Kriegshaber gegen den Galgen zu stark geplänkelt.

Am folgenden Tag zwischen 7 und 9 Uhr kamen endlich mehrere Kolonnen feindlicher Truppen auf allen Seiten gegen die Stadt heran. Die stärkste derselben zog sich auf der Straße von Gersthofen her, überfiel den Theil des Giulaischen Freykorps, der bey dem Dorfe Oberhausen Halt gemacht, und sie mit einer starken Salve empfangen hatte, und drückte denselben zurück. Die Oesterreicher retirirten sich unter steter Gegenwehr bey dem Klinger und Gögginger Thor vorüber, nach-

nachdem sie zuvor durch die Wertach gegan=
gen waren, wurden lebhaft verfolgt, und von
beyden Seiten fiel mancher Streiter. Die Kai=
serlichen setzten sich noch einmal in der soge=
nannten Schwedenschanze, an der Straße nach
Friedberg; aber die nachstürmenden Feinde
drangen sie auch aus diesem Posten hinweg,
dessen Behauptung nur den Verlust der erstern
vermehrte. Der Lech setzte dem Gefechte seine
Gränze.

In banger Erwartung beobachteten die hie=
sigen Einwohner von den Wällen und Thürmen
der Stadt diese Bewegungen der kämpfenden
Partheyen. Ein schrecklicher Anblick war es
für sie, als sie, nachdem die Feinde Ober=
hausen überfallen hatten, eine Menge Män=
ner, Weiber und Kinder aus diesem Dorfe un=
ter einem kläglichen Geschrey der Stadt zueilen
sahen. Die Härte und Raubsucht der republi=
kanischen Soldaten, das Ungestümm, womit
sie ankamen und die Furcht vor Todesgefahr
hatte diese Leute aus ihren Häusern getrieben.
Für uns war es ein großer Trost, als wir be=
merkten, daß sich das Gefecht von der Stadt
immer mehr entferne; weil damit die Bangig=

S 3   keit

keit vor den traurigen Folgen, welche die Käm=
pfe streitender Heere für den friedlichen Landes=
bewohner gewöhnlich haben, allmählich ver=
schwand.

Als der General der verfolgenden Kolonne
bey dem Judenwalle angekommen war, so
gab der Stadttrompeter von demselben ein Zei=
chen, und dann rief der Hauptmann Gull=
mann von unsrer Stadtgarde dem Generale
entgegen: daß die Thore baldmöglichst geöfnet,
und eine Deputation von dem Magistrate an
ihn abgeschickt werden sollte. Der General zog
seinen Hut ab, und die Officiere von seinem
Gefolge riefen: *Bon! Bon!* Die Rathsdepu=
tation gieng sogleich ab. Sie bestand aus den
beyden Rathsherren von Besserer und von
Pflumern, und den Rathskonsulenten
von Prieser und von Steinküll. Um 11
Uhr machte diese Rathsdeputation dem General
Moreau ihre Aufwartung vor dem Göggin=
ger Thore, um die Stadt der Huld der frän=
kischen Republik zu empfehlen. Weil aber die
Truppen noch engagirt waren, so erhielt diese
Deputation bey dem General um 1 Uhr eine
län=

längere Audienz in dem hiesigen Gasthofe zu
den drey Mohren. Um 2 Uhr zogen einige
hundert Mann Infanterie ein, und besetzten
gemeinschaftlich mit unserm Bürgermilitär die
Hauptwache.

Der 24. August war für die hiesige Inwoh=
nerschaft der schrecklichste Tag, da die Franzosen
die bekannte Schlacht bey Friedberg liefer=
ten. Sie drangen mit einem unbeschreiblichen
Ungestümm über den Fluß, der die Fronte der
Kaiserlichen beschützte, griffen diese in ihrer sehr
vortheilhaften Position an, warfen sie zurück
und verpflanzten dadurch das Pannier des Krie=
ges aus Schwaben nach Bayern. Das
Gefecht dauerte bis in die Nacht. Viele Fran=
ken fanden ihren Tod auf dem Schlachtfelde,
und viele ertranken in dem Lech. Unter den
Letztern bedauerten sie besonders den General=
adjutanten Houel, dessen Leichnam am 2.
Sept. von unsern Fischern, unterhalb der
Mündung der Wertach, aus dem Wasser ge=
zogen wurde. Sie brachten nach und nach bey
1500 Gefangene aus der Schlacht zurücke,
und erbeuteten einige Wägen und 11 Kanonen.

Am

Am 29. August brach das Hauptquartier von
hier nach Bayern auf.

Mit dem Einrücken der Franzosen begannen
auch hier, so wie überall, die Bedrückungen
und Requisitionen, und nahmen kein Ende,
bis sie sich völlig zurück gezogen hatten. Täg=
lich hofften wir Erleichterung, weil uns von
dem General Moreau die besten Versicherun=
gen gegeben und besonders versprochen wurde,
die Bürgerschaft mit Einquartirungen möglichst
zu verschonen, und überhaupt nur wenige Ge=
meine in die Stadt zu lassen. Allein bey einer
Horde von so vielen Tausenden ohne Subordi=
nation mußte die größte Unordnung herrschen.
Wir hatten mehrere Tage lang den ganzen Ge=
neralstab und eine Menge Gemeine, welche in
die Bürgershäuser einquartirt werden mußten,
und sich größtentheils gegen ihre Wirthe sehr
impertinent benahmen. Durch die unermüdete
Wachsamkeit unsers Bürgermilitärs, dem wir
unendlich viel verdanken, wurden aber doch
grobe Excesse verhütet. Die Generale waren
kaum im Stande, die Plünderung der Stadt
sowohl beym Anrücken, als besonders beym
Rück=

Rückzuge zu verhüten. An der zu bezahlenden Kontribution mußte Augsburg 300000 Gulden beytragen, und es ist erweislich, daß der größte Theil dieser Brandschatzung durch Naturallieferungen prästirt worden, ohne das in Anrechnung zu bringen, was die Franzosen wegen Mangel genugsamer Bescheinigung nicht abrechnen ließen. Alles zusammen genommen, mit Inbegriff des Aufwandes für die Personen, welche angestellt werden mußten, hat unser Staat wenigstens 320000 Gulden aufgeopfert. In denen in hiesiger Gegend liegenden Dörfern litten nur einzelne Häuser durch Raub; aber das Städtchen Friedberg wurde bey Gelegenheit des dortigen Gefechtes zwey Stunden lang, — und das Dorf Lechhausen aus derselben Veranlassung ganz ausgeplündert.

Der Rückzug der Feinde gieng in großer Eile. Am 19. Sept rückte das Hauptquartier des Generals Moreau hier ein. Eine Menge Soldaten kamen mit demselben an, und alle Quartiere waren vollgefüllt. Am folgenden Tag marschirte die Armee an der Stadt vorü-

ber

ber, und Moreau folgte ihr nach. Abends
zog die französische Garnison von der Haupt=
wache ab. Die Friedberger und Lechhäuser
Brücken wurden verbrannt, so wie auch die
Brücke über die Wertach.

Am 21. Sept. früh kamen die ersten kaiser=
lichen Husaren in die Stadt. Die zerstöhrten Brü=
cken mußten sogleich wieder hergestellt werden.
Nachmittags rückte der Vortrab der kaiserlichen
und ein Theil der Condeischen Armee ein, wel=
cher letztere von dem Herzoge von Enghien
kommandirt wurde. Die folgenden Tage rück=
ten ihnen die übrigen österreichischen Truppen
nach, welche theils an der Stadt vorüber zo=
gen, theils hier — in öffentliche Gebäude, und
vorzüglich in das Zeughaus einquartirt wurden.

Wir mußten ansehnliche Lieferungen an sie
prästiren, ohne dadurch den unverdienten Vor=
wurf von uns ablehnen zu können, daß wir die
Feinde mehr begünstiget haben als sie. Dieß
kam zum Theil von einigen Uebelgesinnten ka=
tholischen Theils her, welche uns bey den Kai=
serlichen verläumbeten, und dadurch viele Un=
annehmlichkeiten veranlaßten. Sie hetzten so=

gar

gar die gemeinen Soldaten auf, sie sollten dar=
auf dringen, daß sie auch in Bürgershäuser ein=
quartirt würden, und vereitelten dadurch man=
che von Seiten des Magistrats zum Besten der
Bürgerschaft getroffene löbliche Anstalt.

Auch in unsrer Gegend wüthet die Horn=
viehseuche, und hat vielen Landleuten bereits ihr
letztes gerettetes Gut geraubt.

Am 21. Oktober.

* *

V.

Der Rückzug der Franzosen durch Ulm.

Die geographische Lage der Stadt Ulm an
einem Strome, der für die Heere, die in
Schwaben Krieg führen, äuserst wichtig ist,
und in einer Gegend, in der sich so viele Haupt=
straßen durchkreuzen, und die gewissermaßen
den Eintritt in die östlichern Gauen von
Deutschland beherrscht, erregte bey dem
Rück=

Rückzuge der kaiserlichen Völker überall das
sehr wahrscheinliche Besorgniß, daß dieselbe den
Schauplatz des Krieges lange in ihrer Nähe,
und vielleicht gar in der Mitte ihrer Mauren
sehen dürfte. Aber durch das Gefecht bey Eßlingen und durch das rasche Vordringen der
Franzosen an dem obern Neckar nahmen die Ereignisse einen unerwarteten Umschwung, indem
sich der Erzherzog Karl bestimmt sah, mit seiner Hauptmacht weiter gegen Norden zu weichen, und seinen Uebergang über die Donau
nicht bey Ulm, sondern bey Donauwörth
zu suchen. Dadurch wurde der größte Theil der
streitenden Heere von der Stadt entfernt, und
indem der Erzherzog und der General Frölich,
Moreau und Ferino, ihr immer zur Seite
zurück wichen und vorrückten, so litt sie weit
weniger als man gefürchtet, und als viele andere schwäbische Stände, die sich noch für weit
sicherer hielten, gelitten hatten.

Als aber der General Moreau nach
der Niederlage der Jourdanischen Armee wieder aus Bayern nach Schwaben zurück-
kehrte, so war es leicht zu berechnen, daß er
sich

sich in die Gegenden zwischen der Donau und
dem Bodensee werfen, und seine größte
Stärke an dem rechten Ufer des besagten Flus=
ses vereinigen würde, weil ihm auf dieser Seite
die größten Gefahren bevorstanden. Dadurch
wurden die alten Besorgnisse wieder neu, und
sie wurden noch weit größer, als sie in dem
ersten Akte des Krieges gewesen waren. Als
die Feinde gegen Schwaben anzogen, hatte
man noch Zuversicht zu ihrer Menschlichkeit und
Treue; aber diese ward durch eine Menge Er=
fahrungen vom Gegentheile ausgelöscht. Aus
der Ferne her erzählte man sich die schrecklich=
sten Auftritte von Raub, Mord, Nothzucht
und Verheerung, welche das Gerücht tausend=
fältig vergrößerte. Man wußte, wie viel sich
jede Armee auf dem Rückzuge erlaube, und
man war berechtiget, vorauszusetzen, daß sich
die französische Armee noch mehr erlauben wür=
de, da bey ihr der gemeine Mann an einem
so schlaffen Zügel geleitet wird. Dazu kam
noch die von der Einbildung geschaffene Furcht,
als würden die kaiserlichen Truppen an den
schwäbischen Ständen es nicht ungerochen lassen,
daß sie sich den Siegern gutwillig unterworfen,

und,

und, um ihre Schonung zu erkaufen, friedliche
Verträge mit ihnen errichtet hatten.

Moreau hatte kaum seinen Fuß in Schwa=
ben gesetzt, als man sogleich bemerkte, daß so=
wohl sein linker Flügel, als sein Mittelpunkt
ihre Richtung geradezu gegen Ulm nahmen.
Schon am 21. Sept. zogen große Haufen von
Wagen, Fußgängern und Reuterey am Ufer
der Donau gegen die Stadt herauf. Eine
hohe Staubwolke bedeckte die ganze Straße im
Thale hinunter, so weit das Auge reichen
konnte, und in bunter Verwirrung kamen die
Anziehenden herbey. Aengstlich und bange
harrten die Inwohner der Zukunft. Einige
Tage früher war schon der General Eiken=
maier, der von Moreau zum Kommandan=
ten der Stadt ernannt ward, angekommen,
um den Weg zu dem Rückzuge, und besonders
die Passage über die Iller auszukundschaften,
und die nöthigen Vorbereitungen zur Gegen=
wehr gegen die Kaiserlichen, welche unter dem
Befehle des Generals Rauendorf über
Nördlingen und Heidenheim anrückten,
zu treffen.

Am

Am 23. Sept. und den folgenden Tag kam
endlich die Armee herbey. In endlosen Reihen
marschirten die Truppen auf den Straßen
längst des Stromes her, und in kurzer Zeit
war die ganze Stadt angefüllt. Eine unge=
heure Menge von Wägen und Kanonen zogen
ihnen zur Seite. In allen Häusern wurden
Quartiere für die Angekommenen gemacht; aber
die Häuser konnten das Heer von Menschen und
Pferden nicht fassen. Die Marketenter, wel=
che die Armee begleiteten, mußten deßhalb auf
der Herbelwiese vor dem Herdbrucker Thore
kampiren; die Kavalleriepferde, die in den
Bürgerwohnungen nicht untergebracht werden
konnten, wurden in den Plätzen und Straßen
aufgeführt; die Infanterie aber zog durch die
Stadt, und lagerte sich gegen Nordost auf der
Albeker Steige, gegen Norden auf dem Mi=
chelsberge und gegen Nordwest, wo die
französische Hauptmacht versammelt war, auf
dem Kuhberge. Der General Moreau
hatte am 23. sein Hauptquartier zu Holz=
schwang, und an den beyden folgenden Ta=
ge zu Delminsingen. Der General
St. Cyr, der Befehlshaber des Mittelpunk=
tes.

tes, befand sich in dem Kloſter Wiblingen.

Die Franzoſen nahmen ſogleich bey ihrer
Ankunft alle Mühlen und alle Beckeröfen der
Stadt in Beſitz. Es durfte in den erſtern für
niemand als für ſie gemahlen, und in den letztern nur für ſie gebacken werden. Beſonders
aufgeſtellte Wachten ſorgten für die Beobach-
tung dieſes Befehls. Das Getraide nahmen ſie
aus ihren Magazinen. Das Brod wurde in
der Barfüſſerkirche niedergelegt. Dieſe
Anordnung dauerte fort, ſo lange ſich die
Feinde in Ulm befanden.

Am 24. Sept. Abends ſahe man auf dem
Münſterthurm ſchon die Vorpoſten des Nauen-
dorfiſchen Korps, auf der Nordſeite der
Stadt, über die Alb anrücken. Zu der nämlichen Zeit aber wurde bey Steinheim und
Finningen, zwiſchen der Donau und der
Roth ſtark geplänkelt. — Während der Nacht
kamen die Kaiſerlichen den feindlichen Stellungen, dieſſeits und jenſeits der Donau, immer
näher. Eine unüberſehbare Menge ſtreitbarer
Menſchen drängten ſich auf einen kleinen Be-
zirk

zirk zusammen, und in ihrer Mitte lag die geängstete Stadt, bange den Dingen entgegen sehend, die da kommen sollten.

Mit dem Anbruche des Tages fielen plötzlich drey Kanonenschüsse, — und nun erhub sich mit einem Mahle ein fürchterliches Feuer aus großem und kleinem Geschütze von allen Seiten. Gleich beym Beginnen der Kanonade fielen mehrere Kanonenkugeln in die Stadt hinein, und schlugen Löcher durch die Dächer und Kamine. Dadurch wurde der Schrecken bey dem größten Theile der Inwohner auf den höchsten Grad gespannt; aber wer malt den namenlosen Jammer, der aller Herzen durchbebte, als plötzlich das fürchterliche Rufen, Feuer! Feuer! von Straße zu Straße tönte. Eine Haubitzgranate fiel um 8 Uhr auf ein an dem südlichen Walle, nahe bey dem Gänsethor liegendes, zu dem Spitale gehöriges Gebäude, nieder, und setzte es sogleich in Flammen. Schnell theilte sich die Glut dem in der daran stoßenden Reutschule befindlichen Heumagazine mit, und bald stand auch der hohe massive Gänsethurm in Flammen, und das Einstürzen

T   sei-

seines Daches pflanzte das Feuer weiter fort.
In wenigen Stunden waren 15 Gebäude in
einen Gluthhaufen verwandelt, und zwey ande=
re nieder gerissen, um die Ausbreitung der
Flamme zu hemmen. Mit Muth und Ent=
schlossenheit waren die Bürger, trotz allen Ge=
fahren, die ihnen durch die Kanonade drohten,
herbey geeilt, und durch die übermäßigste An=
strengung war es ihnen gelungen, dem Feuer
zu wehren. Der Schaden, welchen Privat=
leute durch den Brand erlitten haben, wozu
aber der Werth der zerstörten öffentlichen Ge=
bäude (des hospitalischen Ochsenstabels, der
Reutschule, des Werkhofes und des Gänse=
thurms, dessen feste Mauren jedoch noch stehen)
nicht geschlagen ist, beträgt nach ihrer eigenen
gerichtlichen Angabe 17940 fl. 40 Kr. Die Un=
glücklichen konnten beynahe gar nichts von
ihren Meubeln retten.

Auch während des Brandes fielen noch
viele Kugeln, besonders von der F r a u e n=
s t e i g, in die Stadt. Die Häuser von
dem Frauenthore an bis zum neuen Thore litten
am meisten dabey. Die Franzosen hatten den
Wall

Wall besetzt, und erwiederten das kaiserliche
Feuer sehr lebhaft. Die Abtheilungen, welche
auf dem Felde standen, hatten aber in dieser
Zeit ihre Stellungen beträchtlich verändert.
Der Latourſche Heerhaufen drang nämlich über
Pfuhl auf den Kapelberg vor; das Nau=
endorfiſche Korps aber bemächtigte ſich
der Albecker Steige, der Frauenſteige
und des Michelsberges, und drückte die
Feinde auf ihre Hauptpoſition auf dem Kuh=
berge zurück.

Schon den Tag zuvor hatten die franzöſi=
ſchen Kommiſſärs, da der Kommandant durch
einen kaiſerlichen Trompeter aufgefordert ward,
die Stadt zu verlaſſen, dem Magiſtrat erklärt,
daß dieſe Aufforderung nicht erfüllt werden kön=
ne, ſo lange nicht die Stadt ihren der franzö=
ſiſchen Nation noch ſchuldigen Reſt an der Kon=
tributionsſumme von 200300 Gulden abgeführt
haben würde. Dieſe Erklärung wurde in den
härteſten und drohendſten Ausdrücken gegeben.
Der Magiſtrat ſäumte nicht, ſie der Bürger=
ſchaft bekannt zu machen, und dieſe zu ermun=
tern, daß ſie durch ein freywilliges Anlehn

T 2   nach

nach Möglichkeit zur Rettung des Vaterlandes mitwirke. Es zeigte sich auch an dem folgenden Tage eine rühmliche Thätigkeit unter den Inwohnern Ulms, der Aufforderung des Magistrats zu entsprechen. Es flossen 50000 Gulden an baarem Gelde, und eine gleich starke Summe an Wechselbriefen von den besten Handlungshäusern der Stadt zusammen, und das Uebrige wurde mit französischen Lieferungsscheinen bezahlt. Man glaubte nun, sogleich von dem Feinde frey zu werden; man ersehnte seinen Abmarsch mit Thränen, da das Elend durch die Kanonade und den Brand so groß war. Mehrere Deputationen von dem Magistrate und der Bürgerschaft flehten die Generalität an, sie von ihrem gänzlichen Untergange zu retten; eine Menge Menschen belagerte das Haus des Generals Eikenmeier, und schrie um Erbarmen; — aber so sichtbar auch das Mitleiden vieler feindlichen Officiere mit den geängsteten Inwohnern war, so erlaubte es ihr Plan doch noch nicht, ihre Bitten zu erhören.

Das Feuer dauerte den ganzen Tag von beyden Seiten fort, nur daß manchmal eine kur-

kurze Pause dazwischen fiel. Um 6 Uhr
Abends hörte es aber gar auf, und die Nacht
hindurch blieb es ganz ruhig.

Nicht weniger angſtvoll war der folgende
Tag, als der vorige. Ein dichter Nebel deckte
bey dem Anbruche deſſelben das Land umher,
welcher ſich ſehr langſam verdünnte, und erſt
nach 10 Uhr ganz niederfiel. Sogleich fieng
das Plänkeln auf dem Felde, die Kanonade auf
den Wällen und das Feuern der Oeſterreicher
auf die Stadt von Neuem an. Ein Heer von
Kugeln flog wieder über die Gebäude, oder
fiel in denſelben nieder; keine aber zündete, weil
vermöge einer Uebereinkunft der beyderſeitigen
Generale das Schießen mit Haubitzen abge-
ſtellt war. Viele Inwohner verbargen ſich in
der Angſt in Keller und Gewölbe; die meiſten
hielten ſich in den untern Theilen ihrer Häuſer
auf; wenige hatten den Muth, über die Straße
zu gehen. Das dauerte bis Abends um 5 Uhr
fort, da es mit einem Male von beyden Seiten ſtille wurde.

Es iſt anmerkenswerth, und bey einem ſo
erſtaunlichen Kugelregen beynahe unglaublich,

T 3

zumal da während der Feuersbrunst immer
viele Leute in den Straßen herumeilten, daß
in diesen zweyen Tagen kein Mensch von der
Inwohnerschaft ums Leben kam. Ja es erhielt
sogar nur ein einziger in seinem Wohnzimmer
durch ein Stück von einer Haubitze, oder wie
vielmehr zu glauben ist, durch einen dadurch
losgerissenen Holzsplitter, — eine Verwun=
dung, welche aber bald wieder geheilt wurde.

Kummervoll sah man dem folgenden Tage
(27. Sept.) entgegen. Die müden Bürger,
durch Angst und Arbeit entkräftet, hatten sich
in ihren Häusern niedergelegt, um einige Au=
genblicke der Ruhe zu genießen. Bey ihrem
Erwachen herrschte tiefe Stille in der Stadt,
und als sie hinaussahen, — so waren alle
Franzosen hinweg. Sie hatten sich in der
Nacht zwischen 2 und 4 Uhr zurückgezogen.
Ohne das mindeste Geräusch war ihr Abzug.
Sie hatten Stroh um die Räder ihrer Wägen
und Kanonen und um die Hufe ihrer Pferde
gewickelt, um desto unbemerkter hinaus zu
kommen. Damit war die Angst und Bestür=
zung der Inwohnerschaft großen Theils gehoben.

Die

Die Feinde hatten auf ihrem Abzuge die
Thore der Stadt gesperrt, die Fallgatter derselben herunter gelassen und die Schlüssel mit
fortgenommen. Kaum waren sie hinweg, als
die Kaiserlichen vor dem Herdbrucker Thore
erschienen. Da sie es geschlossen fanden, so
glaubten sie, die Inwohner trügen Bedenken,
sie einzulassen, und feuerten deßwegen 2 Kanonenschüsse darauf ab, während von innen alles
in voller Beschäftigung war, es aufzubrechen.
Jene falsche Voraussetzung war eine Folge des
verleumderischen Gerüchtes, das unter der kaiserlichen Armee ausgesprengt wurde, daß die
Feinde unter den Bürgern Ulms sehr viele
Anhänglichkeit gefunden, und daß von den letztern einige auf die Oesterreicher geschossen hätten. Aber es giebt keine größere Lüge als diese
Lästerung, welche ganz ohne Veranlassung *)
von schändlichen Bösewichten erdichtet wurde,

T 4   um

*) Oder gab etwa das Veranlassung dazu,
    daß während der Kanonade mehrere Bür-
    ger in der Angst auf die Wälle liefen, und
    neben den Franzosen hinausspähten, ob sie
    noch keine Spur von Hülfe sähen? —

um das Unglück dieser Stadt noch größer zu
machen, und sich auf Kosten derselben zu bereichern. Die Inwohner mußten diese Beschuldigung unzählige Mal anhören; aber es gelang ihnen bald, die kaiserliche Generalität vollkommen von ihrer Unschuld zu überzeugen.

Um 7 Uhr kamen die Kaiserlichen in die
Stadt, besetzten die Thore und die öffentlichen
Plätze, und erbeuteten einigen Vorrath von
Haber, Heu und Brod, so wie auch einige
hundert Ueberröcke und 25 Pontons, samt dem
dazu gehörigen Gebälke. Der kaiserliche Ob-
ristwachtmeister du Noyes blieb mit einer
kleinen Besatzung als Kommandant in der
Stadt zurück, während die übrigen Truppen,
ohne Aufenthalt, den Franzosen auf ihrer Spur
nachfolgten.

Die Zahl der Verwundeten und Getödteten
in und um die Stadt ist äuserst gering.

Die auser der Stadt kampirenden französischen Truppen richteten in den Gärten und
Feldern beträchtlichen Schaden an; zum Glück
waren die Feldgewächse beynahe alle einge-
heimst, sonst würde derselbe noch viel größer
gewor-

geworden ſeyn. Dieſen Schaden ſtifteten ſie
beſonders durch ihren unmäßigen Holzver-
brauch, indem ſie ſtets eine Menge ſehr großer
Feuer unterhielten. Da wurden alle Garten-
zäune, alles Eingemächte, alle Thüren, kurz
alles, was von Holz war, umgeriſſen und verbrannt, und ſogar die hölzernen Kreuze auf dem
Gottesacker nicht verſchont. Hingegen in der
Stadt wurde nichts verletzt. In einem einzi-
gen Gaſthofe ſollen einige Chaſſeurs ein Stück
Leinewand weggenommen haben, und ſelbſt dieſes iſt, nicht ohne Wahrſcheinlichkeitsgründe,
bezweifelt worden. Wenn man mit Recht die
Greuelthaten verabſcheut, die ſie bald da, bald
dort und ſelbſt auch in der Nähe von Ulm ver-
übt haben: ſo erfordert es doch die Gerechtig-
keit, jedem Gerüchte, das bald durch den Par-
theygeiſt, bald durch ſchändlichen Eigennutz
übertrieben worden, mit redlicher Wahrheits-
liebe und Muth zu widerſprechen.

Aber deſto ſchlechter betrugen ſie ſich in den
Dörfern in der Nähe, die ihr Rückzug traf.
Söflingen, Grimmelfingen und die
ſämtlichen Ortſchaften im Blauthale haben
T 5 ſehr

sehr viel gelitten. Dasselbe Schicksal hatte auch die Gegend um Lauphelm und Biberach.

Wie wohl war es Ulms Bürgern, als sie die streitenden Heere auf ihrem Rücken hatten. — Sie hatten so viele Angst und Gefahren ausgestanden; vier Tage lang war keines ihrer Thore geöfnet worden; kein Todter sogar konnte hinausgetragen werden, und man machte schon Anstalt, einige Kinder, die an den Blattern gestorben waren, in die Kasematte bey dem Gänsethore zu begraben; keine Glocke wurde angezogen; kein Gottesdienst gehalten; und wenn das gegenwärtige Uebel schon groß genug war, so machten sich die Furchtsamen das Geschäfte, das künftige noch mehr zu vergrößern. — Doch unerwartet kam die Hülfe, die man so ängstlich herbeygesehnt hatte, und der weisere Theil ertrug sein erlittenes Unglück in Gebuld, indem er einsah, daß es unter den gegebenen Umständen noch viel größer hätte werden können.

VI.

VI.

Der Ueberfall von Aalen am 2. August.

In der nordöstlichen Ecke von Schwaben, wo die Gränzen von Ellwangen und Wirtemberg sich berühren, und der Kocher aus den Schluchten der Gebürge in den mildern Gau hervor tritt, der von ihm seinen Namen führt, — liegt die kleine, von dem Auslande kaum bemerkte Reichsstadt Aalen, bewohnt von einem kraftvollen und bidern Schlag Menschen, welche bisher, glücklich unter dem Schirm ihrer demokratischen Verfassung, und wohlhabend durch ihre Industrie und durch ihre altdeutsche Mittelmäßigkeit, die großen Begebenheiten von Europa ruhig aus der Ferne beobachteten, und, frey von dem Drucke der Zeit, im Frieden ihren Acker bauten und ihre Wolle verarbeiteten, und die Produkte ihres Fleißes in der Nähe und in der Ferne verkauften. Denn was in keinem deutschen Staate möglich war, das wurde in diesem, und zwar so ganz ohne Geräusch, als ob es so seyn müßte, ausgeführt, — die ge-
meis

meine Kaſſe, reich durch den Geiſt der Spar=
ſamkeit ihrer Verwalter, trug alle Laſten des
Krieges, ohne daß die Abgaben der Bürger nur
um einen Heller erhöht wurden, und trug ſie
ſo völlig, daß dieſe nicht einmal die Unannehm=
lichkeit der Einquartirungen erleiden dürften,
ſo zahllos auch während des ganzen Krieges die
deutſchen Schaaren auf dieſer Straße an den
Rhein hinunter zogen. Man hatte hier in
den Tagen der Ruhe Kräfte für die Tage der
Noth geſammelt. Nur Schade, daß die letz=
tern ſo langedaurend und ſo drückend wurden,
daß jene Kräfte endlich unter ihrer Laſt erlagen.

Seit jenem unglücklichen Treffen an den
Geſtaden des Albflüßchens, in dem fremde Ue=
bermacht die deutſche Tapferkeit beſiegte, ward
es auch an den Ufern des Kochers täglich be=
merkbarer, daß ſie bald mit dem Blute der
Freunde und der Feinde gedüngt werden dürf=
ten. Von Kanſtadt führt die Straße in ge=
rader Richtung über Aalen nach Donau=
wörth, und dieſe Straße war drey Wochen
lang dicht beſäet mit Wägen, Kanonen, Trup=
pen und Heergefolge, die vor dem Feinde her=
eil=

eilten, um jenseits der Donau Sicherheit zu finden. Es war eine Lebhaftigkeit, eine Ver= wirrung, ein Gewühle in dem kleinen Städt= chen und auf seinen Gränzen, wie man es in diesem friedlichen Thale nie gesehen hatte. Und schon dieses Herbeybringen von bewafneten Menschen in so großer Zahl, und von dem Ge= folge, das streitende Heere begleitet, ward drü= ckend genug für den Bürger, noch drückender für das gemeine Wesen, *) unerträglich für den Furchtsamen und schrecklich für den Patrio= ten. Plötzlich wurde das Magazin, das hier während des Krieges angelegt ward, zurücke geführt; das Heer des Erzherzogs eilte mit schnellen Schritten herbey; an der Rems don= nerten schon die Kanonen der Feinde.

Die Stellung des Erzherzogs auf den Hö= hen des Aalbuches sicherte die ganze östlichere Gegend, und giebt einen Hauptbeleg zum Be= weise des tiefen militärischen Blicks, womit die= ser

*) So nennt man in Aalen den Staat, und alles, was zum Staat gehört, ein in einer demokratischen Verfassung sehr guter und treffender Ausdruck.

ſer junge Held ſeinen ganzen Rückzug angelegt
und ausgeführt hat. Aber in dieſen dürren,
unwirthlichen Steppen konnte eine Armee ſich
nicht lange halten. Karl nahm ſeinen Weg
über die Brenz, und ſein Nachtrab, der im
Remsthale zwiſchen Bebingen und Uſſen‐
hofen gelagert ſtand, zog ſich in dieſem Thale
herauf, und ließ ſich auf der Anhöhe, die daſ‐
ſelbe von dem Kocherthale ſondert, dicht an
Eſſingen nieder. Dieſer Heerhaufen ward
von dem Generalmajor Fürſten von Lichten‐
ſtein kommandirt.

Am 2. Auguſt ſchon früh um 2 Uhr fieng die‐
ſer General an, die beſagte Stellung zu räu‐
men, und ſich auf dem Wege nach Aalen zu‐
rückzuziehen. Seine Reihen marſchirten alle
oberhalb der Stadt vorüber, und bewegten ſich
an dem Kocherfluſſe hinauf. Bis nach 9 Uhr
dauerte dieſer Zug; und um dieſe Zeit ſah man
ſchon die Kolonnen der Feinde ſich der Stellung
bey Eſſingen nähern, welche die Kaiſerlichen
verlaſſen hatten. Mehrere Haufen von Reu‐
terey zeigten ſich auf den dortigen Anhöhen,
und ſpähten in das Thal hinein, das der öſter‐
reichiſche Nachtrab beſetzt hatte.

Die‐

Dieſes Thal, in dem die Stadt Aalen liegt, umgiebt auf der Mittagsſeite ein langes waldichtes Gebürge, der äuſerſte Vorſprung des Aalbuches, der Langert genannt. Dieſes Gebürge zieht ſich in gerader Richtung gegen Morgen, ſenkt ſich an dem linken Ufer des Kochers ſchnell in die Tiefe, und bildet auf dieſe Weiſe ein enges Thal, an dem ſich rechts eine gleich hohe Bergkette erhebt, die ſich gegen Mitternacht zieht, und die Gränze des Härtfeldes ausmacht. In dem Winkel, wo dieſe beyden Gebürge zuſammen laufen, liegt das ellwangiſche Dorf Unterkochen. Auf der Nordſeite erweitert ſich das Thal, und wird durch den Rohrwang, eine Reihe waldigter Hügel, begränzt; gegen Nordoſt aber bleibt es offen, und endigt ſich mit einem Paſſe, den das Dorf Waſſeralfingen zuſchließt.

Der Fürſt von Lichtenſtein mußte, um den Rückzug des rechten Flügels der Armee zu decken, und um ſich mit dem Ganzen gleichförmig zu bewegen, den Fuß der beſagten Gebürge vertheidigen, und dem Feinde ſo lange Widerſtand leiſten, als es bey ſeiner unver-

hält-

hältnißmäßigen Uebermacht möglich war. Er
vertheilte deßwegen die verschiedenen Haufen
seines Korps so in der ganzen Gegend, daß er
dieselbe beherrschen konnte. Seine Hauptmacht
hatte sich gegen Unterkochen hingezogen.
Drey Eskadrons Reuterey und eben so viele
Kompagnien Infanterie postirten sich mit einigen Kanonen, am rechten Gestade des Kochers, ober der Stadt, auf dem Erleswa-
sen. An diese schloß sich eine Batterie an,
welche mit der erforderlichen Bedeckung auf
der Harbt aufgeführt war, und der Fronte
des Feindes gerade gegen über stand. Eine
kleine Abtheilung von Reuterey stand auf dem
Galgenberge, welcher einen größern Haufen, der auf dem Schlatwasen Halt gemacht hatte, bedeckte. Zwo Kompagnien bay-
rische Infanterie standen auf der Westseite der
Stadt, dicht an ihren Mauren, auf dem Zim-
merplatze. Starke Vedetten hatten die Anhöhen vor der Fronte dieser Truppen besetzt.
Auf der hohen Straße stand der äuserste Reu-
terposten, der aus ungefähr 20 Mann Szekler
Husaren und Kinsky Cheveaurlegers bestand.

Voll

- Voll banger Erwartung lag die Stadt in
der Mitte dieser zum Kampfe gerüsteten Schaaren. Man sah aus allen diesen Anstalten um
sie her, daß der Fürst von Lichtenstein entschlossen war, seine Stellung auf diesem Punkte
zu vertheidigen. Und wie beängstigend war
diese Aussicht für ein kleines, enge und von lauter Holz gebautes, mit einer Menge brennba-
rer Waaren angefülltes und von Menschen voll-
gepfropftes Städtchen! — Von Menschen, die
durch das Neue der Gefahr schon im Voraus
muthlos geworden waren, und von Kummer
betäubt, sich und all das Ihrige freywillig verlohren gaben.

Um 11 Uhr näherten sich die französischen
Vorposten den der kaiserlichen, welche auf der
Anhöhe vor dem Aalwirthshause standen.
Es begann ein lebhaftes Geplänkel, und die
letztern wichen, da die Feinde in sehr großer
Stärke auf sie andrangen, fechtend gegen ihr
Lager zurück. Sogleich kam aber aus diesem
Verstärkung herbey, welche zwo Kanonen mit-
brachte, gegen die Feinde vorrückte, und sie so
nachdrücklich angriff, daß sie sich in der größten

U   Eile

Eile zurück zogen, oder in die nahen Wälder
versteckten. Die Reuter der siegenden Parthey
verfolgten sie bis an ihr Lager.

Dieser nachdrückliche Widerstand der verei=
nigten kaiserlichen und bairischen Truppen ver=
rieth dem General Desaix, welcher auf dieser
Seite das Oberkommando führte, ihre Absicht,
sich auf diesem Punkte mit Ernst zu vertheidigen.
Er machte deßhalb die erforderlichen Anstalten,
den Fürst Lichtenstein durch eine gewaltsa=
me Operation aus seiner Stellung zu vertreiben.
Er theilte seinen Heerhaufen in drey Hauptko=
lonnen, von denen die eine im Thale, gerade
gegen die Fronte der Deutschen, die andere auf
der Höhe des Gebürges, über den Langert,
und die dritte durch den Rohrwang vordrin=
gen sollte. So, glaubte er, müßten die Feinde,
während er mit seinem Mittelpunkte gerade
gegen sie anstürmte, und die Generäle St.
Süsanne und Decaen sie in ihren Flan=
ken packten, nicht nur zurücke geworfen, son=
dern größtentheils aufgerieben werden.

Abends

Abends um 4 Uhr sah man von den Thür=
men der Stadt eine lange Heersäule von Fran=
zosen, die meistens aus Reuterey bestand, und
mehrere Kanonen mit sich führte, hart an den
Waldungen des südlichen Gebürges stille und
langsam einherschleichen. Als sie dem Man=
telhofe gegen über war, machte die Hälfte
derselben eine plötzliche Schwenkung gegen die
linke Seite, während die andre Hälfte geradezu
fortrückte, fiel eiligst ins Thal herein, und be=
gann in demselben Augenblicke das Gefecht.

Die deutsche Reuterey auf den Vorposten
schlug sich lange mit dem feindlichen Vortrabe
herum. Es fiel Schuß auf Schuß. Einzelne
Haufen kamen ins Handgemenge, und schlugen
sich mit den Säbeln herum. Unterdessen rück=
ten die Baiern aus der Nähe der Stadt den
Vorposten zu Hülfe, und bedienten sich ihrer
Kanonen gegen die auf sie andringenden Feinde.
Plötzlich erhebt sich ein schrecklicher Donner des
Geschützes. Die Batterie auf der Hardt wirkt
gewaltig gegen die Franzosen. Sie erwiedern
es auf dieselbe Weise. Viele Kugeln und Kar=
tätschenladungen fliegen über die Stadt. Eine

U 2   be=

betäubende Angst bemächtiget sich aller Inwohner.

Indem die Baiern noch Widerstand leisten,
bricht eine neue Kolonne von Feinden aus dem
Gehölze des Rohrwangs, das ihre Ankunft
verborgen hatte, hervor, bedroht ihren rechten
Flügel, und zwingt sie, sich so schnell als möglich auf die Stellung der Kaiserlichen jenseits
der Stadt zurück zu werfen. Schnell marschirt
alles, was sich gegen die Franzosen versammelt
hatte, rückwärts; und die Reuterey der Feinde
folgt den Fliehenden mit verhängtem Zügel
nach, macht in der Nähe der Stadt viele Gefangene, und streckt manchen braven Deutschen
nieder.

Um den Franzosen das Nachsetzen zu erschweren, hatte der bairische Kommandant das
Thor, durch welches sie eindringen mußten,
verrammeln laffen. Seine Leute hatten sich
aber nicht so bald entfernt, als die Bürger,
welche befürchteten, daß ein dem Zuge des
Feindes gemachtes Hinderniß dieser Art ihnen
zur Last gelegt werden dürfte, hinzu eilten, die
unter dem Bogen angehäuften Wägen und Holz-
stöße

stöße hinwegbrachten, und die Flügel aufrissen.
Schon harrten die ungeduldigen Sieger vor
denselben. In der buntesten Unordnung ströhm=
ten sie herein, und jagten in wüthendem Ga=
lopp, die Säbel vor sich hingestreckt, unter
wildem Geschrey, und unter dem lermenden
Geräusche der Trommeln und Trompeten, —
durch die Stadt. In derselben Eile folgte den
ersten Reutern die leichte Infanterie nach; — und
unaufhaltsam eilte auch sie wieder zu dem an=
dern Thore hinaus, um den Feind zu verfolgen.
Bebend und zitternd standen die Bürger der
Stadt in ihren Thüren und Fenstern, und
starrten betäubt in das neue Schauspiel hinaus,
das ihnen das wilde Schlachtgetümmel vor
ihren Häusern darbot.

Hinter der Stadt fielen den Feinden mehrere
Haufen von den bairischen Truppen in die
Hände. Mit den erstern hatte sich eine neue
Abtheilung vereinigt, welche weiter nördlich
aus dem Rohrwange vorgerückt, und, um
nicht ohne Lorbeere an diesem Tage einzuschla=
fen, zum Theil über die Aal und den Kocher
gewaden, und sich den Kaiserlichen in die Flanke

U 3 gewor=

geworfen hatte. Diesen blieb kein anderes Ret=
tungsmittel mehr übrig, als eine schleunige
Retirade, zumal, da die halbe Kolonne von
dem feindlichen Mittelpunkte mit ihren Kano=
nen bis an die nordöstliche Ecke des Lan=
gerts vorgedrungen war, und durch das Feuer
der letztern sogar ihren Rücken bedrohte. Der
Posten auf dem Galgenberge und das Deta=
schement auf dem Schlatwasen zog sich
gerade gegen das Gebürge, die Weinstaige
hinauf. Die übrigen Haufen aber rückten im
Thale gegen Unterkochen fort, wo die be=
sagte sehr glücklich angebrachte Batterie des
Mittelpunkts ihren Rückzug äuserst unsicher
machte. Zwar wirkten einige Kanonen gegen
dieselbe, welche zu Unterkochen auf dem
Kirchenberge aufgeführt waren; aber ihre Wir=
kung war sehr unbedeutend.

Die deutsche Reuterey, welche den Rückzug
der übrigen Truppen deckte, beschäftigte den
Feind mit großer Tapferkeit unaufhörlich im
Thale hinauf, und hinderte ihn, die zurückwei=
chenden Reihen in Unordnung zu bringen. Als
aber diese zu Unterkochen angekommen waren,

so

so stürzte plötzlich die feindliche Kolonne, welche
auf der Ebene des Langerts anmarschirt war,
ins Thal herein, und die Anführer sahen sich
genöthigt, so schnell als möglich mit ihren Leu=
ten davon zu eilen. Die ganze große Menschen=
masse drängte sich in die Schlucht, in der der
eine Arm des Kochers entspringt, und warf
sich in die Waldungen an dem dortigen Gebürge,
über das die Straße nach Uimnet führt. Die
Wege wurden sogleich durch Verhacke unzugäng=
lich gemacht; die Enge des Thals aber und die
einbrechende Nacht geboten den verfolgenden
Feinden Stillstand.

Sie hatten an diesem Tage etwa 300 Ge=
fangene gemacht; die Zahl der Todten auf bey=
den Seiten wird höchstens auf 80 bis 100 stei=
gen. Am meisten litten die bairischen Truppen,
welche von dem ersten Augenblicke des Angriffs
beständig im Feuer waren. Die Franzosen
bewiesen sehr viele Hitze und Unerschrockenheit;
sie hätten aber damit nichts gegen die kaltblü=
tige Tapferkeit der Deutschen vermocht, wenn
sie nicht auch hier, wie überall, durch ihre über=
legene Menge den Sieg erzwungen hätten, Ge=

gen

gen den kleinen Nachtrab des rechten Flügels
der kaiserlichen Armee hatte der General Desaix wenigstens 20000 Mann in Bewegung
gesetzt.

Schwer drückte die Hand des Siegers das
Dorf Unterkochen. Zwey Stunden lang
wurde dasselbe regulair geplündert, nachdem
man erst förmlich zum Plündern geblasen hatte,
— und ein Schaden von 33000 Gulden gestiftet.

Nach dem Gefechte kamen die Truppen zu
Fuß und zu Pferd wieder in die Stadt zurück,
und in wenigen Augenblicken war dieselbe so
dicht von ihnen angefüllt, daß alle Straßen
und alle Häuser zu enge zu werden schienen.
Die Dunkelheit der Nacht, und das wilde Ungestümm der Rückkehrenden vermehrte die Verwirrung. Man bereitete Quartiere so viele sich
in der Eile bereiten ließen, und der größte
Theil nahm ohne Anweisung von den Bürgerwohnungen Besitz. Aber wie hätte ein Heer
von so vielen Tausenden Raum finden können,
in einem Städtchen, das nur wenig über 200
bewohnbare Häuser enthält? — Die ganze
Ge-

Gegend umher wurde deßhalb in einen Lager=
platz umgeschaffen. Auf allen Feldern der Flur
hatten sie sich ausgebreitet. Das ganze Thal
war erleuchtet von den unzählbaren Feuern,
die sie anschürten. Die Menge und Größe die=
ser Feuer röthete den Himmel, und rings um
glaubte die Nachbarschaft das Städtchen stehe
im Brande.

Die Franzosen, welche in den Bürgerhäu=
sern einquartirt waren, respektirten das Eigen=
thum, und nur wenige erlaubten sich kleine
Dieberenen, ob wohl viele unter ihnen den
angstvollen Bürger durch ihre Härte, Unge=
nügsamkeit und Rohheit empfindlich genug belei=
digten. Aber in den Häusern, die aufer den
Thoren, besonders in einiger Entfernung von
der Stadt liegen, war alles ihre Beute. Sie
raubten den Bewohnern ihr Geld und ihre beste
Habe; leerten den Getraid= und Futtervorrath
in den Scheuren aus; tödteten die Schweine
und die Schaafe; verheerten die Gärten und
die Felder; brachen in die Wirthskeller, trugen
den Wein und das Bier in ihre Lagerplätze
und ließen das Uebrige in die Erde laufen.

Auf

Auf diese Weise litten mehrere Bürger einen Verlust von 1000, 1500 bis 2000 Gulden. Dasselbe Schicksal traf auch einen großen Theil des Gebietes der Stadt, besonders die einzelnen Bauerhöfe.

Von diesem Tage an nahmen die Einquartirungen und die Durchmärsche kein Ende, bis die Siege des Erzherzogs den Feind in die obern Gegenden von Schwaben verdrungen hatten. Beynahe 3 Wochen dauerte der Durchzug der Armee und ihres unmittelbaren Gefolges, und während dieser Zeit war das Städtchen immer mit Franzosen angefüllt. Zahllos waren die Requisitionen, womit es sich jeden Tag belästiget sah, und unter diesen war die gewaltsame Hinwegnahme des dem gemeinen Wesen gehörigen Fruchtmagazins die härteste, welches bis auf einen kleinen Rest, dessen Erhaltung mit Mühe erbeten ward, in Beschlag genommen und zum Nutzen der Armee verwandt wurde. Dadurch entstand die Gefahr des äußersten Mangels für die Inwohnerschaft, der aber durch die Vorsicht und Thätigkeit des Magistrats so möglich vorgebeugt wurde.

So wie überall mußten sich auch hier die-
jenk

jenigen obrigkeitlichen Personen, welche die
Municipalitätsgeschäfte zu besorgen hatten, von
dem rohen Soldaten und dem oft eben so ro=
hen Officiere die beleidigendsten Mißhandlun=
gen gefallen lassen, da es unmöglich war, alle
die Forderungen zu erfüllen, die sie sich erlaub=
ten. Es hatte sich aber in diesem kleinen
Staate sogleich in den ersten Augenblicken der
Feindesherrschaft ein gewisser Geist des Zusam=
menhaltens und der Harmonie unter den In=
wohnern gebildet, der überall die Bürde ge=
meinschaftlich tragen, und den lästigen Fremd=
lingen, gegen die der Einzelne nichts vermochte,
die Kraft des Ganzen entgegen setzen hieß.
Der Magistrat glaubte in der Zeit der Noth die
Regel, die nur für die Zeit der Ruhe berechnet
ist, beyseite weisen zu dürfen, behandelte alle
Angelegenheiten gemeinschaftlich mit den Reprä=
sentanten der Bürgerschaft, und theilte sich mit
ihnen in seinen Geschäftskreis, der für ihn in
diesem Gewirre unübersehbar war. Dadurch
wurden die Schwierigkeiten überall weit leich=
ter gehoben, das Interesse des Ganzen genauer
beobachtet, und die Thätigkeit, welche die Ret=
tung des Staates bezielte, verstärkt.

Es

Es war ein kläglicher, verzweiflungsvoller Zustand, in dem sich dieses Städtchen in den ersten 10 oder 12 Tagen nach dem Ueberfalle befand. Das gemeine Wesen wurde zu unaufhörlichen Aufopferungen gezwungen, gleich als sollte mit einem Male die Frucht der Sparsamkeit eines halben Jahrhunderts ausgeschöpft werden. In den Häusern geboten die Feinde über das Eigenthum der Bürger. Diese Feinde zerrissen alle bisherigen Regeln der Ordnung und des Rechts. Der Anführer eines fremden Volkes nannte sich den Kommandanten der Stadt. Unter den Thoren hatte er seine Wachten aufgestellt. Es ward überall nur verzehrt, und nichts erworben. Die Lebensmittel fiengen an, selten zu werden. Alle Kaufläden waren verschlossen. Keine Glocke wurde geläutet. Die öffentlichen Gottesverehrungen waren eingestellt. Die Todten wurden ohne Sang und Klang hinaus getragen. Düstere Schwermuth lag auf allen Gesichtern.

Mit dem Vorrücken der Armee über die schwäbische Gränze verminderten sich die Leiden des Krieges allmählich, ob gleich die Lasten, wel-

welche die fortdaurenden Durchmärsche verur=
sachten, noch immer schwer auf dem gemeinen
Wesen lagen. Als aber Jourdan geschlagen
war, so verschwanden schnell alle noch in der
Gegend sich befindlichen Franzosen, und die
Straße, die aus dem Remsthale gegen
Morgen führt, ward von keinem mehr betreten,
da die Streifkorps des Generals Petrasch
bald anfiengen, sie unsicher zu machen. Endlich
erschien in der Nacht vom 18=19. Sept. un=
vermuthet ein 60 Mann starker Haufen kaiserli=
cher Reuter vor den Thoren der Stadt, und
brachte die lange ersehnte Ruhe wieder. Mit
Freuden giengen die Bürger hinaus auf ihren
Lagerplatz, und wünschten sich Glück zu dem
Anblicke der Retter des Vaterlandes. Dieses
Detaschement verweilte etliche Tage in Aalen,
und stellte durch sein gutes Betragen die Zucht
des kaiserlichen Soldaten mit der Ungezogen=
heit des französischen in den auffallendsten
Kontrast.

Der Schaden, den die öffentliche Kasse der
Stadt durch Lieferungen an die Armee, die
unquittirten Ausgaben und die Nebenkosten un=
gerech=

gerechnet, und die Bürger und Unterthanen
durch Plünderung und Verheerung, mit Aus=
schluß der ungeheuren Quartiersкosten erlitten
haben, beträgt nach gerichtlicher Berechnung:
50,344 Gulden 24 kr. welches lange noch nicht
die Hälfte des Totalschadens ausmacht.

VII.

Bericht von den Gefechten des Kon= deischen Korps am 18. 19. und 24. Oktober. Von einem Aus= gewanderten. *)

(Aus dem Französischen.)

Ein Theil der französischen Armee, der es
vergeblich versucht hatte, über Villingen in
das Breisgau einzubringen, hatte sich in die
zwey Pässe, von denen der eine über Neu=
stadt und die Hölle, und der andere durch
das Petersthal nach Freyburg führet,
geworfen. Er hatte die Absicht, das kaiserliche
Korps,

*) *Gazette des Deuxponts. Nro.* 314. 315.

Korps, welches hinter dem Schwarzwald stand, aufzuhalten, und vor demselben alle Wege nach Freyburg zu verschliessen.

Vermöge einer Uebereinkunft zwischen dem Generale Frölich und dem Prinzen von Konde brachen beyde am 18. Morgens auf. Der Angriff des rechten Flügels war dem letztern aufgetragen. Man mußte erst die Höhen von Waldau und Holengraben, und einige andere nicht weniger furchtbare Stellungen erstürmen, um die Ebene des Rheinthales gewinnen zu können. Zwar hatte man dem Prinzen von Konde die Vorstellung gemacht, daß es beynahe unmöglich wäre, in diesem wilden Landesstriche, voll steiler Gebürge und durchschnitten von sumpfichten Thälern, Kanonen aufzuführen. Aber da er einsah, wie nützlich ihm hier die Artillerie seyn würde, so gelang es doch durch die unermüdbare Anstrengung und die Einsicht der Officiere, daß man 10 leichte Kanonen mitnahm.

Die Stellungen, von denen die Rede ist, waren beynahe unzugänglich, und durch mehr als 4=5000 Mann Infanterie und Kavallerie ver=

vertheidigt; 25 Tage waren die Truppen unter
kein Dach gekommen; 11 Tage hatte es unauf=
hörlich geregnet; es fehlte ihnen an den noth=
wendigsten Bedürfnissen, oft hatten sie sogar, da
der Feind die Gegenden, denen er das Trugbild
des Friedens so theuer verkauft hatte, durch
seine Räubereyen verödete, kein Brod. Aber
diese Dinge konnten den Soldaten nur entkräf=
ten; nicht seinen Muth schwächen.

Der Prinz Konde, verstärkt durch ein Ba=
taillon von Wartensleben, das ihm vor=
treflich zu statten kam, setzte sich gegen 7 Uhr
Morgens in Marsch, und rückte unter einem
schrecklichen Regen, durch abscheuliche Wege,
in dem schwierigsten Terrain vor. Als er an
dem Fuße der Höhen von Waldau angekommen
war, stürmte der Vortrab, unter dem Kom=
mando des Herzogs von Enghien, mit seiner
gewöhnlichen Tapferkeit gegen dieselbe an. Er
ward von dem Reste der besoldeten Infanterie,
angeführt von dem Generale Salques, unter=
stützt, welche der Prinz auf die rechte Seite
geschickt hatte, um den Feind in die Flanke zu
nehmen. Die Wälder, die Gebürge, die feind=

lliche

liche Artillerie, nichts konnte der Hitze der Truppen widerstehen. Beynahe allzurasch wirkte die adeliche Infanterie mit ihnen, davon der Prinz in dem Augenblicke des Angriffes einen Theil als Plänkler abgeschickt hatte.

Die Höhen von Walbau wurden ohne einen sehr heftigen Widerstand gewonnen; aber desto hartnäckiger war er bey Holengraben. Hier hatte es einige Augenblicke das Ansehen, als müßten die Truppen von Conde der Uebermacht weichen. Aber das Ende war ein Triumph über alle Schwierigkeiten. Die Legion von Roger Damas, und das Regiment von Hohenlohe, unterstützt durch die Kanonen und die Bewegungen der Noblesse, und der Infanterieabtheilungen von Barbonanche, Damas und Montesson rückten wieder vor, verdoppelten ihre Kraft, und Holengraben war erobert.

Der Herzog von Berry betrug sich bey dieser Gelegenheit, wie überall, mit der ihm eigenen ungestümmen Tapferkeit. In einem Lande, wo die Thäler beynahe Abgründe sind, war es unmöglich, die Feinde mit der Kaval-

X   lerie

lerle zu verfolgen, von der überdieß ein großer
Theil sich mehrere Meilen rückwärts befand.

Es lagen vorwärts noch einige furchtbare
Stellungen, besonders die von St. Mergen,
wo die Feinde eine noch weit größere Macht
hätten aufhalten können. Aber der Herzog von
Enghien folgte ihnen mit seinen Schützen
so dicht auf dem Fuße nach, und ließ sie von
Stellung zu Stellung so lebhaft kanoniren, daß
sie nicht Zeit hatten, Halt zu machen, selbst
nicht einmal zu St. Mergen.

Von da führt ein hoher Abhang in den
Grund eines tiefen Thales, dessen entgegenge=
setzte Seite eine neue Stellung darbot, welche
man lange Zeit behaupten konnte. Der Feind
hatte sich derselben bemächtigt, und die Nacht
kam herbey. Nichts desto weniger marschirte
man vorwärts, und der Vortrab, gewohnt,
unter dem jungen Prinzen, der ihn kom=
mandirte, allen Gefahren Hohn zu bieten,
verfolgte seinen Vortheil bis in die Nacht, be=
mächtigte sich der Abtey St. Peter, wo die
lange, wilde Steige anfängt, die in die Ebene
des Rheins hinunter führt. Zwey Berge, wel=
che den Eingang desselben vertheidigen, boten
dem

dem Feinde eine neue Stellung, ſtärker als alle andere, dar. Die Finſterniß der Nacht, verdichtet durch den Regen und Nebel, erlaubte es aber dem Prinzen von Conde nicht, weiter vorzurücken. Dazu hatte man noch keine Nachricht von dem Erfolge des Angriffes auf dem linken Flügel, den der General Frölich unternommen hatte. Auch konnte der General Moreau von Freyburg aus, das er beſetzt hatte, ſeinen Nachtrab nach Belieben verſtär- ken. Das Condeiſche Korps blieb deßhalb auf dem Schlachtfelde vor dem Paſſe über Nacht.

Am andern Tage (18. Okt.) war die Wit- terung noch einmal ſo ſchlimm; der Regen mit Schneegeſtöber vermiſcht, dauerte fort; man ſtand auf der höchſten Spitze des Schwarz- waldes.

Indem die Armee von der Abtey St. Pe- ter herabkam, um ihren Marſch fortzuſetzen, benützte der Feind den Augenblick, und rückte wieder vor. Er zog ſich durch die Thäler links und rechts, um die Stellung zu tourniren. Dieſe Bewegung, verbunden mit den angeführ- ten Umſtänden, beſtimmte den Prinzen Konde,

X 2 ſich

sich eine Meile rückwärts zu postiren, an der
Anhöhe der Thäler, bis man wegen der Stärke
des Feindes und des Erfolges seiner Unterneh=
mung sicher war. Es lag äuserst viel daran,
daß er sich denselben nicht vorkommen ließ,
weil zu befürchten stand, daß er ihm seinen
Rückzug hätte abschneiden können.

Der Erfolg bewies die Weisheit dieser An=
ordnung. Denn der General F r ö l i c h war
auf eine so überlegene Macht gestoßen, daß er
sich bey aller Vortreflichkeit seiner Maasregeln
in der H ö l l e, wo er schon eingedrungen war,
nicht halten konnte. Sobald deßhalb der Prinz
Konde bemerkte, daß der Feind in seinem An=
griff nachließ, und daß die Kolonne, welche
gedroht hatte, ihn zu umgehen, und von St.
M e r g e n abzuschneiden, Halt mache, so be=
nützte er diesen Augenblick, und drang Abends
um 4 Uhr selbst auf ihn los. Diese kühne Un=
ternehmung that die erwünschte Wirkung. Der
Feind wurde aus der ganzen Gegend, deren
er sich Vormittag bemeistert hatte, zurück ge=
schlagen und gezwungen, eiligst die Höhe hin=
an zu fliehen. Die beyden Prinzen ließen ihn
mit

mit Kanonen und Schützen verfolgen, bis in die tiefe Nacht, und übernachteten in dieser Stellung.

Der Prinz Konde war entschlossen, falls der Feind seine Position behaupten würde, am andern Tage früh die Abtey anzugreifen. Aber man traf ihn nicht mehr an. Er war ohne Verweilen bey St. Peter vorüber marschirt, und hatte seinen Weg nach Freyburg genommen. Sogleich schickte der Prinz seinen Vortrab nach der Abtey. Die Streifhaufen stießen auf den Feind in Espach, wo er anhielt. Aber Nachmittags brach er alle Brücken ab, und setzte seinen Rückzug weiter fort.

Der Prinz glaubte, in seiner Stellung die Befehle des Generals Frölich und des Erzherzogs erwarten zu müssen, mit welchem letztern er seit diesem Nachmittage in Verbindung war. Am 21. rückte er vorwärts, stieß nirgends auf ein Hinderniß, und vollzog an dem nämlichen Tage seine Vereinigung mit Seiner königl. Hoheit, in der Ebene und unter den Mauren von Freyburg, in dem Augenblicke, in dem Höchstdieselben die Feinde vertrieben

X 3   hat-

hatten. Der Erzherzog empfieng die franzöſiſchen Prinzen auf die rührendſte und zärtlichſte
Weiſe.

Am 24. Okt. — Bey der großen und ge-
ſchickten Unternehmung, durch die S. K. H.
der Erzherzog die Feinde von den Höhen von
Schlingen und Kaltenherberg hinweg
drückte, und ſie bis nach Hüningen zurück-
ſchlug, bildete nach ſeiner Anordnung das Kon-
deiſche Korps allein die erſte Kolonne des rechten Flügels. Der Prinz Konde, welcher ſie
kommandierte, hatte Befehl, den Feind anzugreifen, wo er ihn fände, zugleich aber darauf
Bedacht zu nehmen, daß die andern Kolonnen
auf dem linken Flügel Zeit hätten, vorzurücken.

Früh um 6 Uhr vereinigte er ſeinen Vortrab
mit allen ſeinen übrigen Truppen zu Neuburg,
und marſchirte raſch vorwärts. Er fand die
erſten feindlichen Poſten eine halbe Meile vor
dem Dorfe Reinſtadt, auf dem nämlichen
Punkte, wo er am 16. Jun. 795. Ludwig
XVIII. an der Spitze ſeiner Armee zum Könige
ausgerufen hatte. Es war 7 Uhr, der Prinz
ließ, zufolge des erhaltenen Befehls, die Huſaren

ren anfangen zu plånkeln; aber er drang nicht
schnell vor, um die Kolonnen des linken Flügels
zu erwarten, welche er wegen des starken Ne=
bels nicht sehen konnte.

Aber gegen 9 Uhr wurde das Plånkeln all=
måhlich hitziger, und man konnte es nicht hin=
dern, da es die Feinde selbst verdoppelten. Ge=
gen 10 Uhr glaubte der Prinz Zeit genug ver=
lohren zu haben, ließ ein wenig vorrücken, und
trieb die Feinde nach Reinstadt hinein, wo
sie sich zu vertheidigen suchten. Aber die In=
fanterie von Roger Damas, und das Regi=
ment Hohenlohe, angeführt von dem Herzoge
von Enghien, welchem der Prinz Konde
mit dem Reste seiner adelichen und besoldeten
Infanterie unmittelbar nachfolgte, stürzten
eiligst in das Dorf hinein, der Tambour schlug
zum Angriff, und unterstützt durch die Kavalle=
rie der nämlichen Legion und das Regiment
Baschi wurde dasselbe erobert, ob gleich die
Feinde in den Straßen hartnäckigen Widerstand
leisteten, und von der einen Seite her mit schwe=
rem Geschütze mächtig herein gefeuert wurde.
Der Herzog von Berry, dessen Hitze der

X 4　　　　　Prinz

Prinz lange zurücke gehalten hatte, drang zugleich mit den Truppen ein. Das Ungestümm
des Angriffes machte, daß das Korps in diesem
so heißen Augenblicke wenig verlohr.

Die Feinde setzten sich sogleich vor der Stadt,
aber sie wurden zurück geworfen, und stürzten
sich eiligst über einen Abhang hinunter, welcher eine vortrefliche Stellung für die Sieger
abgab, wo sie mit einiger Sicherheit die Fort-
schritte der andern Kolonnen erwarten konnten,
von welchen, wegen der Schwierigkeiten der
Gegend, noch keine so weit gekommen zu seyn
schien, als diese.

Der Prinz Konde war in seiner Stellung
durch ein enges Thal von den Höhen von
Schliengen getrennt, von denen ihn die Feinde
in sehr großer Stärke alsbald lebhaft kanonir-
ten. Er erwiederte es, und das wirksame
Feuer seiner überlegenen Artillerie that ihm
trefliche Dienste.

Die Feinde schickten Plänkler in einen Wald
vorwärts; der Prinz that das nämliche. Sie
verstärkten die ihrigen; er die seinigen. Durch
die fortdauernde Kanonade, und durch das

Het-

kleine Feuer der Plänkler in dem Walde, welches so wohl unterhalten war, daß es einem
immerwährenden Bataillonsfeuer glich), geschah
es, daß er den ganzen Tag keine Nachricht von
dem linken Flügel erhielt, und er nur darauf
denken mußte, sich in seiner Stellung zu behaupten. Das gelang ihm auch von 11 Uhr
Morgens bis 6 Uhr Abends, unerachtet deß
Kanonen = und Musquetenfeuers, dem das Korps
7 Stunden ohne Unterlaß ausgesetzt war, und
welchem nur die Nacht ein Ende machte.

Der Prinz konnte die hohe Tapferkeit, welche die Officiere, Generale und alle seine Leute
bey dieser Gelegenheit, so wie immer, gezeigt
haben, nicht genug loben. Dieser seinem Korps
so rühmliche Tag kostete ihn ungefähr 250 Mann
Todte und Verwundete, unter denen etwa 50
Adeliche und Officiere waren. Der Feind ver=
lohr wenigstens 8 = 900 Mann.

Man ließ die Truppen in der Stellung,
welche sie so schön erobert und vertheidigt hatten,
übernachten, entschlossen am andern Tage früh
wieder anzugreifen. Aber der Feind verließ die
Seinige in der Nacht, und man bemerkte bey

X 5   dem

dem Anbruche des Tages, daß er in vollem
Rückzuge gegen Hüningen begriffen war.
Die Husarenabtheilungen, welche ihn verfolg=
ten, schickten mehrere Gefangene zurück, und
unter diesen auch Officiere.

Der Prinz Konde erfuhr es erst am 25.
Morgens, daß sich seine königl. Hoheit den
Abend zuvor Kaederns bemächtigt hatte.
Dadurch wurde die Stellung des Feindes tur=
nirt, und sein Rückzug entschieden.

VIII.

Nachrichten aus Bopfingen.

In sichtbarer Angst horchten und sahen auch
wir in Bopfingen nach den Gegenden hin,
aus welchen die lügenhafte Fama tausenderley
schreckliche Historien brachte, aus welchen der
furchtbarste Kriegesdonner uns immer näher
entgegen rollte, aus welchen uns endlich das
härteste Kriegsgewitter wirklich traf.

Der unerschrockenere Beobachter der neuern
kläglichen Ereignisse hofte zwar, die hiesige Ge=
genb

gend, wegen ihrer Abgelegenheit von der Do=
nau, wohin man den Zug gar bald vermuthete,
und ihrem gänzlichen Mangel an gebahnten
Straßen durchaus mit Kriegsauftritten ver=
schont zu sehen; aber da sich des Kriegs eigentliche Vorboten bald einfanden; da sich man=
cherley Lasten auf uns hinwälzten; da vom 19.
Julius an die zahlreichsten Fuhrwesendepots,
die in schneller Eile mit allem aufzutreibenden
Zugvieh hinter die Donau gebracht werden muß=
ten, mit vielen äuserst schwer blessirten Leuten
nach einander anlangten. Da diesen bald (—2.
Aug.) mehrere Bataillons der schönsten, und
dem Ansehen nach ganz unüberwindlichen Ka=
vallerie, über Aalen, Hilen, Ebnat,
Waldhausen und Michelfeld her, nach=
eilten; da endlich die Arriergarde, welche aus
etlichen Eskadrons Cheveaurlegers, Drago=
nern und Szekler Husaren, und zwo Kompa=
gnien Slavoniern bestand, anlangte: da sank
allgemein der Muth. Stille zogen sich die Bür=
ger in ihre Häuser zurück; doch konnten sie das
viele Elend, das sie schon empfanden, kaum
verschmerzen, und manchem preßte der Un=
muth einen Seufzer nach den Franken aus,

weil

weil er noch immer an die Predigt: Friede den
Hütten! glaubte.

Das erwähnte Vorpostenkommando bestrich
auserhalb der Stadt Bopfingen — denn in=
nerhalb ihren Mauren waren nur das Rath=
haus und die Thore besetzt — südlich und west=
lich den sogenannten Sandberg, Obern=
dorf und Aufhausen, zog sich dann nörd=
lich am Berge Ipf gegen Osten an sein Lager
hin, das sich auf einen kleineren Seitenberg,
den Schnittbühl, und in die dazwischen lie=
gende Tiefe sehr geschickt gesetzt hatte, um eines
Theils seine Stärke und Schwäche zu verbergen,
andern Theils aber mit der nach Nördlin=
gen ziehenden Armee des Erzherzogs in be=
ständiger Verbindung zu stehen.

Diese Stellung blieb vom 3. bis 5. August
unverrückt dieselbe. Weil keine Magazine in
der Nähe waren, so mußten die Bürger au
Bedürfnissen von Speisen, Getränken, Futter,
Haber, Streu, Holz u. d. gl. herbeyschaffen,
was sie vorräthig hatten; das Uebrige besorgte
darauf die Stadtökonomie nicht ohne großen
Auf=

Aufwand, weil kein Mensch mehr etwas von seinem Vorrath abgeben wollte.

Indessen ließ gleich der frühe Morgen des 5. Augusts eine Veränderung vermuthen. Die äusersten Posten lermten mit Schießen unaufhörlich. Von Stunde zu Stunde wurde es heftiger. Die Kaiserlichen wurden bald auf dieser, bald auf jener Seite so übermannt, daß sie sich zurück ziehen mußten. Bey alle dem merkte man in dem kaiserlichen Lager keine sonderliche Bewegung. Erst gegen 11 Uhr Mittags, da die Vorposten an die Stadt getrieben und sich auf dem Sandberge eine Schaar Franzosen um die andere zeigte, da traten die Wachten und Piquette unter das Gewehr, schloßen sich allmählich an und setzten sich gegen ihre Feinde. Ob sich die Kaiserlichen wohl tapfer wehrten, und das verrammelte Thor von ausen lange gegen die angesprengten rothen und grünen Husaren vertheidigten, so mußten sie doch immer mehr weichen, und den Franken dieses Städtchen überlassen.

Durch Schmeicheln und Drohen hatten die Franken es schleunigst bewerkstelliget, daß

ihnen

ihnen das verrammelte Thor offen stund. Sie
zogen daher ohne Widerstand ein, aber wie die
Rasenden. Unter Begleitung der angekommenen Flanquers durchjagten sie die Straßen und
meistens zum andern Thore hinaus, dem Feinde nach. Ein Paar Officiere allein verweilten,
da sie auf dem Markte den Magistrat der
Stadt versammelt fanden. Sie sicherten alles
gute zu, ertheilten gleich eine Sauvegarde von
Husaren und waren bald resolvirt, abzusteigen
und ein gutes Mittagsmahl zu halten, welches
ihnen auch gereicht wurde. Gleichwohl zerstreuten sich mehrere Chasseurs in die Gassen,
drangen in die Häuser und erpreßten an Geld
und Mobilien, was sich schleunig wegbringen
ließ. Die herbeygeholte Sauvegarde schien es
zu mißbilligen, und gieng das erste und andre
Mal, die Räuber wegzuschrecken. Aber das
dritte und vierte Mal kam es sie schon sauer an.
Die Klagen der Beraubten fertigten sie bald
mit der Frage ab: Ob man den Franken gar
nichts geben wolle? und die vorgezeigten Räuber schimpfte sie mit dem Zurufe: Macht, daß
ihr weiter kommt!

Mit-

Mitlerweile schienen die Kaiserlichen ganz
verschwunden zu seyn. Die Franzosen eilten
ihnen darum, weil sie es für Feigherzigkeit an=
gesehen haben mögen, nur um so rascher und
hitziger nach. Ohne die geringste Gefahr zu
ahnden, stürzten sie samt und sonders auf das
Dorf Kirchheim los. Ob sie hier wohl ihren
Feind sahen, so schien er ihnen doch schon zu unbe=
deutend und zu ferne, als daß sie um seinetwil=
len nicht gleich die Wirthshäuser besetzen und
im Kloster einen Besuch abstatten sollten.
Während diesem Jubel und fröhlichen Trunke
ersahen sich die Kaiserlichen, gedeckt von einem
Wäldchen, einen bequemen Ausweg, die Feinde
zu umgehen und in die Mitte zu nehmen. Die
Hitze der Oesterreicher vereitelte sich aber bald
selbst diesen Plan. Ihr baldiges lebhaftes
Feuer trieb die Franken schleunigst zurück, so
daß sie Schuhe, Ranzen und Gewehre von
sich warfen. Statt daß sie im glücklichen Fall
alle Franzosen hätten einschließen können, so
mußten sie sich mit 3=400 begnügen, welche
nicht mehr zum Dorfe hinausfinden konnten.
Die Franken sammelten sich erst bey Bopfin=
gen, am Fuße des Ipfes wieder, bis wohin
sie

sie die Oesterreicher, gleich einer scheuen Heer⸗
de vor sich hertrieben. Sie postirten sich nun
truppweise, wie sie es bequem fanden, zwischen
Raine und hinter Hecken, feuerten wie die
Verzweifelnden und schryen dazu: Gaiserlick
Gujon! Gaiserlick Spizbu! — Es schien mehr
als eine Verstärkung anzurücken, und eine Es⸗
kadron Husaren rückte um die andere vor. Al⸗
lein so oft sie anrückten, wurden sie wieder ge⸗
worfen, und als endlich mehrere Kanonen der
Kaiserlichen zu spielen anfiengen, so zerstreuten
sie sich alle, und flohen, weil sie nur eine Ka⸗
none hatten herbeybringen können. Ihre
schnelle Flucht gereichte Vopfingen zum
größten Vortheil; man entkam einer zu befürch⸗
tenden Plünderung und größerer Beschädigung
der Stadt. Es fielen nämlich auser vielen hun⸗
dert kleinen Kugeln auch große in die Stadt,
welche vermuthlich die von den Franzosen an
der Stadt vorbeygeführten Pulverwägen ver⸗
fehlt hatten. Sie vermehrten die Höllenangst
dieses Tages unbeschreiblich; denn da sie Dach⸗
stühle zerschmetterten und Mauerwände ein⸗
rannten, so war es bald keinem Zweifel mehr
unterworfen, die Stadt möchte nach vorgegan⸗
genner

gener Ausplünderung in Grund geschoffen wer=
den. Allein so schlimm dachte kein Theil, we=
nigstens die Kaiserlichen nicht, die mit unserer
Bewirthung ganz zufrieden waren, und über
dem Nachsetzen nach ihren Feinden, wobey
noch einige hundert Franken in Gefangenschaft
geriethen, uns ganz vergessen zu haben schienen.
Jedoch ihr Besuch war nur aufgeschoben. Sie
kamen bald, um ihre Todte begraben zu lassen,
deren die hiesigen Leute ungefähr fünfe beerdig=
ten. *) Sodann holten sie Wägen, ihre Bles=
sirten abzuführen, und dann aber auch, um sich
für die Arbeit dieses Tages bey uns zu erholen
und zu erfrischen. — — —

In der darauf folgenden Nacht bezogen die
Kaiserlichen ihre gehabte Position fast ganz,
nur mit der Abänderung, daß ihre Vorposten
nur bis an die Stadt reichten. Dadurch wurde
die Stadt in den folgenden Tagen bald kaiser=
lich»

*) Der todtgebliebenen Franken fand man
   in hiesiger Markung kaum so viel. Sie
   führten sie aber vermuthlich mit ihren
   Blessirten weg, die mehrere Wägen füllten.

D

lich, balb französisch; und so währte es 4 Tage lang. Da es auser dem schon halb gewohnten Piquetschießen übrigens ruhig blieb, so benütz-ten die Bürger ihren Sonntag zur Aerntearbeit in möglichster Eile, so, daß, was der erste schnitte, der andere gleich zusammen band und der dritte sodann auf dem Rücken nach Hause schleppte, weil wegen dem starken Fuhrwesen kaum ein Gespann Ochsen in der Stadt geblie-ben war.

Vom 8. auf den 9. August zogen sich die Kaiserlichen in etwas zurück, und die Franzo-sen um so viel vor. Dadurch wurden wir den 9. ganz französisch. Eine französische Kom-pagnie kam und die andere gieng. Alle aber hatten bald dieß, bald jenes nöthig. Sie mach-ten daher schon Requisitionen, ehe noch ihre Ge-neralität daran dachte. Doch auch diese blie-ben nicht aus. Der Generaladjutant Heute-let ließ unversehens eine Stadtdeputation zu sich nach Aufhausen fordern, diktirte ihr un-erschwingliche Requisitionen von Brod, Wein, Bier, Fleisch, Haber und Heu rc. und meldete zugleich auf Morgen sein Hauptquartier an.

Die-

Dieſes zog auch richtig heran, und ſo viel Volks
mit ihm, daß alle Felder, Höhen und Thäler
mit Franzoſen beſät zu ſeyn ſchienen. Unüber=
ſehbare Kolonnen zogen ſich Nördlingen zu,
wo die Armeé des Erzherzogs indeſſen an=
gekommen war. Aber doch blieb immer noch
ſo viel Volks zurück, daß es die kleine Stadt
in allen ihren Häuſern nicht faſſen konnte. Es
bekamen daher auch unſere Gefängniſſe, doch
auch nur von Delinquenten, Quartier, von
denen einer Abends erſchoſſen, ein anderer aber
auf zwo errichtete Säulen geſtellt und gebunden
wurde.

So verlegen uns die Quartiere ſchon mach=
ten, ſo viel verlegener wurden wir, als man ſo
viele immer ſich noch vermehrende Gäſte aus
unſern leeren Küchen ſpeiſen ſollte. Doch der
Stadtmagiſtrat that durch die wohleingerichtete
Garküche, worinnen Tag und Nacht gut ge=
kochtes Eſſen für mehrere Kompagnien vorrä=
thig war, einen auſerordentlichen Vorſchub, und
wandte von der Bürgerſchaft viel Plage und
Unkoſten dadurch ab. Wenn auch ſchon der
Eine oder der Andere dieſe Koſt nicht nach ſei=

nen

nem Geschmacke fand, und darüber polterte und
lärmte, so hatte man doch von der Generalität
keine Vorwürfe zu befürchten, die darinnen
den guten Willen beloben mußte. Diese Unzu=
friedenen machten es in Bürgershäusern noch
ärger, und zerschmetterten die Töpfe, nachdem
sie die Speisen darinnen den geängsteten Leuten
auf den Rücken geworfen hatten. Ein großer
Theil, wohin auch die hier gewesene Kavallerie=
officiere gehören, zeichneten sich durch Roheit
und Ungenügsamkeit so aus, daß darüber bey
dem General Klage geführt werden mußte.
Allein dieser wollte und konnte nicht helfen. Er
mußte sich es selbst gefallen lassen, da seine
Leute denen für ihn nach Wein abgeschickten
Boten seine Päße zerrißen, und ihm solche ohne
Schue zurücksandten.

Jedoch gleich der kömmende Morgen des
11. Aug. schien das angethane Unrecht rächen zu
wollen. Die Kaiserlichen waren in starkem An=
marsch. Dieß zeigten die rapportirenden Patrouil=
len nicht sobald an, so wurde Rapell geschlagen,
gesattelt, gepackt und so geschwind, aber auch
so still, wie möglich retirirt. Die Kommissärs
stri=

ſtrichen die Requiſitionen an Schuen, wovon
man, ohne was geſtohlen wurde, 100 Paar
liefern mußte, an Brod, Fleiſch ꝛc. noch ge=
ſchwinde ein, quittirten, aber meiſtens mit fal=
ſchen Scheinen, und machten ſich gleichfalls
eiligſt davon. Ihr Rückzug gieng wieder nach
Aufhauſen und Lauchheim.

Unterdeſſen rückten einige fränkiſche Korpo=
ralſchaften der grünen Huſaren den Kaiſerlichen
entgegen. Sie wagten ſich aber nicht mehr ſehr
weit; denn die kaiſerl. Reuterey ſuchte ſie gar
bald zu überflügeln, und damit zugleich ihre
alte Poſten wieder ſchleunigſt zu beſetzen. Die
Franzoſen lieſſen zwar nichts unverſucht, dieſelbe
zu werfen, waren auch, nachdem ſie hinläng=
liche Verſtärkung an Infanterie und Kavallerie
erhalten hatten, glücklich genug, die Oeſterrei=
cher mehrmals auf eine ziemliche Strecke zu=
rückzutreiben, wodurch das Treffen über 5 Stun=
den lang unentſchieden blieb. Allein da die Kai=
ſerlichen bald wieder mehrere Kanonen, als die
Franzoſen auf dem Platze hatten, dieſelbe (es
waren 6 Stücke) aufs beſte bedienten, und mit
ihren Dragonern die franzöſ. Flanken bedrohten,

Y 3 da

da gaben die Franzmänner wieder Fersegel
und retirirten über Hecken und Zäune. Diese
Nebenwege halfen sie aber weniger, als die ge=
rade Straße. Auf die eine und die andere Art
gerиethen sie zu Dutzenden in kayserl. Hände,
welchen sie, aufer wenn etwa ein wohlgespickter
Beutel hie und da einem Kavalleristen ein Aug
zudrückte — so leicht nicht entwischten, weil die
unscheinbarsten Monturen (Manchem war die
Seine nicht für 25 Carolins feil! —) die reichste
Beute versprachen. Die wahre Anzahl der Ge=
fangenen ist auch bey dieser Aktion, so wenig
als der Todten und Plessirten bekannt geworden.
In allem beläuft sich, so hitzig das Treffen
schien, die franzöf. und kaiserl. Todtenzahl —
auf 7. Es ist daher zu vermuthen, beede Theile
haben von ihren Leuten zurückgeschaft, was sie
wegbringen konnten.

Da dieses Treffen schon am frühen Mittag
vorüber war, so hatte dieses Städtchen um so
länger seine Plaggeister. Kaiserliche und fran=
zöfische Husaren sprengten daher, und stießen
oft in der Stadt so aneinander, daß jedem Bür=
ger in der Straße hinter der dickesten Wand
sei=

seines Hauses bange ward. Die Wirthe und
Gastgeber waren ihres Lebens gar keinen Augenblick sicher; denn nach jedem Kampfe wollte
jeder Sieger gelabt seyn, und wartete er nicht
gleich auf, so setzte es noch dazu Schläge, oder
in seinen Fenstern blieb gewiß keine Scheibe
unzersplittert. Ein gleiches gilt auch von
Krämern, Schustern, Schmidten, Hutmachern
— ja auch von Schneidern. —

O wie erquickend war die Ruhe, welche uns
die einbrechende Nacht, bey welcher sich diese
fürchterliche Waffenbrüder beider Theile in ihre
Lager zogen, vergönnte! Wie erfreulich die
Botschaft, daß die ganze Kaiserl. Armee zu
Nördlingen aufgebrochen und an die Donau
gerückt sey! Unsere Leiden waren nun um ein
großes Theil vermindert. Selbst die Franzosen
verschonten uns mit Quartieren, eilten über
uns weg nach der großen Stadt, wie sie von
Nördlingen sprachen, und dann ihrer Meinung nach, gerade auf Wien los, worinnen
ein Jeder des Gaiser Gopf zuerst erringen wollte.
Es kam zwar diese Quartierfreiheit eben sowohl
theuer zu stehen; dann große und kleine Requi-

Y 4   sitio-

ſitionen folgten einander auf dem Fuße nach;
die Piquets ſchrieben noch immer Braten und
Salat vor, lieſſen ſich eine vorgeſchriebene Zahl
Küchlein backen, leerten bey dem, daß man
ihnen auf mehreren Wägen Bier zuführte, noch
die Keller auſer der Stadt, ſchleppten Schweine
und Schaafe weg, die ſie entweder lebendig
zuſammen hieben, oder dekollirten, u. d. g. m.
Aber doch näherten ſich durch das weitere Vordringen an die Donau die perſönlichen Mißhandlungen und die täglichen Laſten ihrem Ende,
ja es befreyte uns davon für immer.

So wie ſie einmal ins Bayriſche rückten,
waren wir hier, einzelne ganz kurze Truppen-
märſche abgerechnet, aller Quartiere entlediget,
und bey ihrer Retirade traf uns auch nicht das
mindeſte. Allein wegen den Requiſitionen ſtand
man mit ihnen bis auf den Augenblick, da ſie
Baiern verlaſſen mußten, in beſtändigem Verkehr.
Ohne den mindeſten Nachlaß mußte das requi-
rirte Getraide und Heu aufs pünktlichſte geliefert werden; und der geringſte Fehler brachte
den Deputirten in Arreſt, und die Stadt ſelbſt
in die Exekution.

Von

Von diesen Requisitionen sind folgende
stadtkündig geworden:

Am 9. Aug. eine Req. von 3000 Pf.

Brod a 2 kr. ⸗ ⸗ fl.	100.	—
Nachher 12 Ochsen a 150 fl.	1800.	—
— 30 Hämmel a 22 fl. ⸗ .	330.	—
— 500 Säck Hab. 250 M. a 12 fl.	3000.	—
— 2000 Centn. Heu ⸗. ⸗	2000.	—
— 500 Säcke Roggen a 10 fl.	5000.	—
— Requisit. von den Pfketern.	500.	—
— 1000 Maas Brandtwein.	1500.	—
— die den Wirthen erstattet wer- den mußten. ⸗ ⸗	1744.	7 kr.
— Beckern ⸗ ⸗ ⸗	300.	—
— Metzgern ⸗ ⸗ ⸗	560.	—
— An Streu ꝛc. ⸗ ⸗	75.	—

fl. 16909. 7 kr.

Andere Unkosten:

Für Lichter, Käse, Hufeisen, Schue,
Pistolen, Holz, Kramwaaren, ein
Pferd, die Garküche ꝛc. ꝛc. ⸗ 2000. —
Die Kontribution zum L. S. Kreis
An Geld, Getreide, Pferde ꝛc. 23516. 30.

Summa fl. 42425. 37.

Wel-

Welche auſerordentliche Summe für einen
ſo kleinen nahrungsloſen und im ganzen Kriege
ſchon ſehr hart mitgenommenen Reichsſtand!
— Und doch wie gerne hätte man ſie ver=
ſchmerzt, wenn dieſes traurige Opfer nur das
letzte für dieſen alles verzehrenden Krieg gewe=
ſen wäre!

F. B. P.

IX.

Fränkiſcher Vandalismus auf dem Albuche.

Das Betragen der Franzoſen bey ihren Durch=
zügen durch Schwaben nach Bayern, und ih=
rem Rückzug nach Hünningen empört ſo ſehr
alle menſchliche Gefühle, daß der ein Auswürf=
ling der Menſchheit ſeyn muß, der, beſonders
als Deutſcher, — noch Zuneigung zu dieſer ſo
ganz ausgearteten und verwilderten Nation haben
kann. Ueberall, wo ihr Fuß in Deutſchland
hintrat, kündigte wilder Unfug ihre Gegenwart
an,

an, und Grausamkeiten zeigten sie da, wo sie niemand daran hindern konnte. In roher Wildheit und erfüllt mit verheerender Muth, auch gereizt durch niedere viehische Leidenschaften, zogen sie mit wildem Ungestümme heran. Schrecken und Betäubung gieng vor ihnen her, und in ihnen tobte Raubsucht — und so stürzten sie sich auf Palläste, Häuser und Hütten, in denen bis dahin Wohlstand, froher Sinn, Ruhe und Friede gewohnet hatten. Sie beraubten den Reichen, und nahmen dem Dürfttigen sein Weniges; verderbten beyden, was sie nicht mitnehmen konnten oder mochten; schändeten, wo sie konnten, das weibliche Geschlecht — — und so erblickte man denn im Rücken ihres verheerenden Zuges Verzweiflung und Greuel der Verwüstung. Die Nachwelt wird staunen, wenn sie dieser sonst so gesitteten und gepriesenen Nation ihre — mit ihrer Revolutionsepoche beginnenden und ausgeübten schändlichen Greuelthaten und Handlungen in schauerlichen Gemälden, durch dem Pinsel der unbestechlichen Wahrheit dargestellt, erblicken wird.

So zog die Moreauische Armee aus dem ehemaligen Elsaß gegen Schwaben heran.

Doch

Doch hier nur einige Züge der schwarzen Tha=
ten desjenigen Theils dieser Armee, die beson=
ders la Roche anführte, und die im Bezirke
von nur wenigen Stunden sich dem Beobachter
darstellten.

So bald der kaiserliche General Hoze,
dessen Korps ohngefähr aus 15000 Mann be=
stund, sein Hauptquartier den 26. August von
Göppingen nach Geißlingen verlegte,
so rückte gleich Tags darauf, Mittwochs den
27. der französische General la Roche nach
ihm in Göppingen ein. An dem nemlichen
Tage wurde auch Wiesensteig von den Fran=
zosen unter Vandamme besetzt. Hoze hatte
also diese zwey feindlichen Generale zu beobach=
ten, schickte dahero auch seine Patrouillen theils
ins Bilsthale bey Sießen hinab, Göppin=
gen zu, theils ins Wiesensteiger Thälchen.
Als er endlich seine Stellung im Bilsthale ver=
ließ, und in der Nacht des 31. Julius auf den
1. August von Geißlingen aufbrach, und
sich näher gegen die Donau wandte; auch der
edle Held und bisherige Retter Deutschlands,
Erzherzog Karl, mit dem Korps seiner Armee

in

in der nemlichen Nacht sein Lager bey Böh=
menkirch aufhob, allwo vom 26. bis 31. Ju=
lius sein Hauptquartier war, und sich von da
über Heidenheim ebenfalls der Donau nä=
herte: so kam, und zwar den 1. August, noch
ein Nachzug der österreichischen Armee bey Ei=
bach an, früh um 5 Uhr von Staufeneck
her. Er bestund aus ungefähr 500 Mann In=
fanterie vom Regiment Olivier Wallis und
ungefähr 60 Mann von Szekler Husaren,
und lagerte sich auserhalb des Orts, bis un=
gefähr Nachmittags um 3 Uhr die ausgeschick=
ten Patrouillen die Nachricht brachten, daß la
Roche bereits auch gegen Altenstatt heran=
rückte, dann zog sich die Infanterie durch Ei=
bach bis in die Mitte der Heidenheimer Stei=
ge hinauf; die Husaren aber blieben im Thale,
und patrouillirten immer gegen Altenstatt
und Geißlingen hin. Indessen war Gene=
ral la Roche wirklich auch in Geißlingen
angekommen, und schickte sogleich ein starkes
Piquet, aus rothen Husaren und Scharfschützen
bestehend, gegen Eibach; es kam denn zu
Plänkeleyen zwischen beyderseitigen Husaren,
worauf es aber wieder ganz ruhig wurde.

Dien=

Dienstags den 2. August, früh um 4 Uhr aber
zeigten sich auf der Seite des Heiligenber=
ges, in der Gegend, wo die Kapelle stehet,
abermalen französische Scharfschützen, die denn
von der Steige herab von den Oesterreichern
mit kleinem Gewehrfeuer begrüßt wurden, sich
aber auch wieder zurücke zogen. So blieb es
bis gegen 7 Uhr, da endlich das ganze feindli=
che Korps anrückte. Die Oesterreicher feuerten
immerfort von der Heidenheimer Steige herab,
bis die Franzosen im Orte Eibach, das unten
an der Steige liegt, wirklich einrückten, wor=
auf sie sich vollends die Steige hinauf zogen,
bey Waldhausen vorbey, und auf der
Straße zwischen Böhmenkirch und Gus=
senstatt nach Söhestetten durchs Stuben=
thal gegen Heidenheim sich retirirten. Die
Franzosen rückten ungesäumt nach, und der
Vortrab derselben setzte seine Plänkeleyen auch
noch bey Waldhausen gegen die Oesterreicher
fort, bis sie sich endlich von einander trennten.
Der Durchmarsch der Franzosen durch Eibach
dauerte beynahe bis 11 Uhr. La Roche ritt
dem gräflichen Schlosse zu, stieg aber nicht ab,
forderte auch kein Geld, sondern erkundigte sich
nur

nur sorgfältig nach der kaiserlichen Armee, ließ
auch auf die an ihn gelangte Bitte eine Sauve=
garde von 6 Husaren mit 2 Officiers für das
Schloß und Ort zurücke, und begab sich weiter.
Eibach, nicht nur das herrschaftliche Schloß,
sondern auch der Ort wurde ziemlich verschont,
und dieß hatte man an dem Tage des Durch=
marsches vorzüglich der Wachsamkeit und dem
Eifer der beyden Officiere zu danken, die sich
aber doch auch dafür bezahlen ließen. Abends
zogen sie mit ihren Husaren ab, ließen jedoch
2 Infanteristen als Sauvegarden zurück, die
schon vorher von einem Stabsofficier dazu ab=
gegeben waren.

So zog sich dann den 2. August nicht nur
das zahlreiche Korps des Generals la Roche
über Eibach, sondern auch ein großer Heer=
haufen über Weissenstein, auch zahlreiche
Horden von Bartholomäi her, Böhmen=
kirch zu, den Oesterreichern auf dem Fuße
nach, und lagerten sich an diesem Tage zu ge=
dachtem Böhmenkirch.

Schon in Eibach, Weissenstein ꝛc.
producirten zwar die Franzosen ihre durch bis=
heri=

herige Uebung erlangte Fertigkeit in der Kunst
zu rauben; jedoch da sie in Eibach gleichsam
nur durcheilten, und durch die Sauvegarden
beschränkt wurden: so verschoben sie die eigentlichen Proben davon, bis sie auf die Höhe kamen,
und da waren dann den 2. und 3. August vorzüglich Waldhausen, Steinenkirch,
Böhmenkirch, Gussenstatt und Söhestetten der Schauplatz ihrer unedlen Thaten,
nur das etwas entferntere Gerstetten konnte
ihnen für dießmal mit vielem Gelde die Plünderung abkaufen, die sie aber bey ihrer Retirade
am 11. August ordentlich hereinbrachten; denn
auch ihre Raubsucht verließ sie nicht, da sie die
ihnen immer so fatalen Oesterreicher auf dem Nacken hatten, und vor ihnen mit ängstlicher Eile flohen. Wie übel besonders einzelne Weiler und Höfe
bey der Plünderungssucht der Franzosen davon
kamen, davon sollen unter so vielen nur ein
Paar solcher unglücklichen Oertchen genennet
werden, als z. E. der Lugenhof in der Gegend Anhausens, dessen Bewohner neben
persönlichen Mißhandlungen um ihren ganzen
so beträchtlichen Viehstand kamen, auch aller
Lebensmittel beraubt, und so in die unglück-
lich-

sichste und traurigste Lage versetzt wurden, daß
sie als ganz Ausgeplünderte und ihres Eigenthums Beraubte in einem benachbarten Orte
Zuflucht und Aufenthalt suchen mußten. Eben
so wurde das Weiler Kupfendorf zwischen
Heidenheim und Gerstetten mehr als
einmal durch diese verworfenen Räuberhorden
geplündert; und als die Bewohner dieses einsa-
men und stillen Oertchens dadurch beynahe zur
Verzweiflung gebracht waren, auch einer, sich
nicht so ganz ruhig seines wenigen Eigenthums
wollte berauben lassen, wurde er von diesen
Unmenschen tödtlich verwundet, so daß er des
andern Tags wirklich starb. In dem Ulmischen
Orte Amstetten, eine Stunde von Geislin-
gen, wo der Wirth nur darauf drang, diesen
Räubern das Bier und den Brantewein aus seinem Keller selbst herbeyschaffen zu dürfen, be-
förderten sie ihn ohne Umstände durch eine Kugel in die andere Welt, erschossen auch zu gleicher Zeit einen Baurenknecht in diesem Orte.

Nicht übel angebracht war übrigens die
Ausführung des Gedankens eines Eibacher
Bürgers, der Raubsucht der Franzosen in sei-
nem

Z

nem Hauſe vorzubeugen, worinnen vieles auch
von andern dahin Geflüchtete verſteckt war.
Er ſtellte nemlich einen Kübel voll Menſchen-
koth in ſeine Stube, und ließ denſelben beym
Einrücken der Franzoſen fleiſſig umrühren.
Nun wollten mehrere Franzoſen, da ſein Haus
an der Straße lag, im Vorbeymarſchiren bey
ihm einkehren; allein der peſtilenzialiſche Geſtank trieb alle beym Eintritt in die Stube
plötzlich wieder zurück. — Und ſo rettete der
Mann nicht nur ſein Eigenthum, ſondern auch
das zu ihm Geflüchtete glücklich.

Waldhauſen, oben an der Staige, von
Eibach her, mußte zuerſt ihre volle Räuber-
wuth erfahren; denn ob man gleich den Franzoſen Speiſe und Trank für das Ort hinaus-
brachte, ſo durchſuchten und plünderten ſie den-
noch alles in demſelben aus, und wo ihnen eine
erwachſene Mannsperſon aufſtieß, dem riſſen
ſie die Schue von den Füſſen. Ja, während
la Roche in Bömenkirch ſein Quartier nahm,
übten gleichſam unter ſeinen Augen ſeine Soldaten im Orte ihre unedle Kunſt aus. Dieß
thaten ſie um ſo freyer, weil ſie die Denkungsart

art dieſes ihres Generals voraus kannten.
Nichts wird den Charakter dieſes Mannes beſſer
ſchildern, als eine zuverläſige Anekdote ſeines
Benehmens in Göppingen. Als la Roche
nemlich nach dem Abzuge des Generals Hoze
Göppingen beſezte: ſo plünderten ſeine meiſt
zerlumpten und ſchueloſen Soldaten nicht nur
in den Vorſtädten Göppingens, ſondern verderbten auch im Muthwillen die Gärten, hieben
die Obſtbäume um, rießen die Zäune aus und
verbrannten ſie. Als man nun dießfalls von
Seiten des Magiſtrats eine eigene Deputation
an La Roche ſchickte, um ſich theils über den
Unfug zu beklagen, theils um Hülfe zu bitten,
gab der unedle Mann folgende Antwort:

„Er wundere ſich, wie man ihn mit ſolchen
„elenden Klagen beläſtigen möge. Wenn man,
„ſetzte er hinzu, eure Weiber und Töchter ſchän-
„dete, eure Häuſer anzündete, und eure ver-
„borgenen Schätze aufſuchte und ausgrübe —
„denn möchtet ihr wohl Urſache haben, euch
„zu beklagen. Aber dieſe Dinge gehören unter
„die unabwendbare Uebel des Krieges, und ich
„kann euch nicht helfen."

Er

Er half auch dem Unwesen nicht eher ab, biß man ihm auf sein gemachtes Ansinnen 200, sage zwei hundert Louisd'or gegeben hatte. Gleiche Merkmale einer unedlen Denkungsart ließ er auch in Geißlingen zurück; denn er forderte auch da zur Füllung seiner Börse durch einen Adjutanten 150 Louisd'or, die er auch erhielt; den andern Tag kam auch der rohe Duhem, dem man eine gleiche Summe aus= zahlen mußte; den dritten Tag wurde eine Forderung von 130 Louisd'or gemacht, die auch prästirt werden mußte. Kurz, in drey Tagen kosteten diese saubern Herren den Ort bey 20000 Gulden. Und welche widernatürliche Dinge La Roche in Großßießen von einer Hure forderte, die er in Requisition setzte, davon schweigt billig die Feder. Auch diese Officiere konnten, oder vielmehr wollten dem Unwesen in Bömenkirch nicht steuren, der Unfug hatte also einen freyen Wirkungskreis. Ueberall such= ten und gruben sie nach, um das vergrabene oder versteckte Geld zu bekommen, würgten alles Geflügel zusammen, nahmen die Lebensmittel hin= weg. Kurz, nichts war vor ihnen sicher, alles nahmen sie mit wildem Ungestümm; selbst im

Quar=

Quartier des Generals war der Hauswirth nicht von ihrer Raubgier frey; denn sie eigneten sich auch da alles zu; selbst auf sein Geld, das er als Wirth einnahm, machten sie Anspruch.

Zu gleicher Zeit war auch Steinenkirch der Gegenstand ihrer Raubereyen. Was sie daselbst den Einwohnern nicht nahmen, verderbten sie. Im Pfarrhause bekam man gleich zahlreiche ungebetene Besuche von den Franzosen, wo sich die Räuber das geforderte Essen und Trinken, das aber für die Officiere bestimmt war, wohl schmecken ließen. Damit glaubte man ihrer aller Verlangen befriediget zu haben; allein, zur schuldigen Danksagung für die genossenen Wohlthaten raubten sie nicht nur alles vorgefundene Geld, Pretiosen, Kleider u. s. f. im Pfarrhause, sondern waren auch so niederträchtig, der Pastorin sogar das Halstuch vom Halse zu reißen, auch andere ihr zugehörige Kleidungsstücke vor ihren Augen zu zerstücklen, und den Raub brüderlich unter sich zu theilen.

In Guffenstadt und Söhnstetten hatte man gar keine Unannehmlichkeiten von den Franzosen erwartet: theils, weil man von ihrem Ver-

fah=

fahren im Unterlande keine Nachrichten hatte;
theils, weil man glaubte, daß der bereits zwischen dem Herzog von Wirtemberg und dem
Obergeneral Mòreau getroffene Waffenstillstand Sicherheit der Personen und des Eigenthums verschaft habe. Allein, welche schreckliche Täuschung war das! Denn gleich wilden
Barbaren überrumpelten die Franzosen, da sie
die Wirtembergische Herrschaft Heidenheim
betraten, die diesseitige Gränzörter Guffenstatt und Söhnstetten. Und wie sie da
begannen, so setzten sie das Geschäfte fort, wohin sie kamen, außer an denjenigen Oertern
handelten sie etwas erträglicher, wo noch ein
edeldenkender Befehlshaber der Raubsucht Einhalt that. Von Waldhausen her zog sich
nemlich den 2. Aug. auch eine Horde Franzosen
gegen Guffenstatt, ohngefähr Vormittags nach
10 Uhr, und als sie da keine Oesterreicher zu
bekämpfen vorfanden, so war ihre einzige Beschäftigung das Plündern. Da sie wie Furien,
theils noch berauscht von Eibach her, theils
noch in der Wuth von dem so eben geendigten
Handgemenge mit den Oesterreichern — in den
Ort herein rannten, und zwar zuerst rothe Husaren

ſaren vom 9ten Huſaren Regimente, ſo wurde
jeder, der ihnen in die Hände lief, alſogleich ohne
Umſtände rein ausgeplündert. Dann drangen ſie
auch in die Häuſer, vorzüglich in das Pfarrhaus,
und forderten unter gezückten Säbeln nichts als
Geld, durchſuchten auch alle Betten, Schränke u.
ſ. f. Kaum hatten die Huſaren ihre Raubbegierde
geſtillet, ſo kamen die ſogenannten Volontairs,
die jener angefangenes Tagwerk mit gleicher
Wildheit fortſetzten, und die dieſen nachfolgenden
Chaſſeurs zu Pferde, die wie wilde Beſtien bis
gegen Abend im Orte herum raſeten, vollende-
ten daſſelbe. Die erſchrockenen Einwohner, die
ſich nicht geflüchtet oder verſteckt hatten, gaben
her, was ſie geben konnten; denn die Feinde
brauchten jede Gewaltthat und ſchonten keines
Standes, keines Alters noch Geſchlechts. Auch
alles Geflügel, welches ſie nur habhaft werden
konnten, wurde zuſammen gewürgt, und z. E.
ein Schwein, das ſie aus einem Stalle riſſen,
zertheilten ſie gleichſam lebendig auf der Straße,
und legten die dampfenden blutenden Stücke über
ihre Pferde, den Beſitzer aber, der es ihnen
nicht ſo freywillig überlaſſen wollte, verwundeten ſie durch einen Säbelhieb über den Rücken.

Z 4 Ja,

Ja, nach der Plünderung mußten diejenigen
vermöglichen Einwohner, die die Ehre nicht gehabt hatten, von den Franzosen geplündert zu
werden, noch eine ansehnliche Summe, wozu
die Kommunkasse ihren ganzen Vorrath auch
zulegen mußte, und die denn 500 fl. betrug,
als Geschenk für die Officiers zusammen schies-
sen, worüber General la Roche des andern
Tages die Ortsvorsteher mit einem Empfangs-
schein quittirte. Und ohnerachtet die Franzosen
das meiste Bier, Wein, Käse, Brod u. s. f.
an diesem Tage, was sie nämlich fanden, ge-
raubet und verzehret hatten, mußten die Einwohner doch noch selbige Nacht Speise und
Trank, auch Fourage und Holz für die zwischen Gussenstatt und Bömenkirch ausgestellten
Piquete liefern, und den Tag darauf erst noch
Schlachtvieh, Geflügel, Butter, Brod u. s. f.
nach Bömenkirch abgeben.

Eben so hatte Söhnstetten, und zwar
vorzüglich auch dieser Ort das traurige Schicksal, nicht nur an diesem 2. August unmittelbar
nach dem Abzug der Oesterreicher, sondern auch
den 3. darauf, bey bey dem Vorbeymarsche der
Fran-

Franzosen nach Heidenheim, und noch mehr
in der Nacht des 11. Augusts bey einer Reti=
rade der Franzosen, die von Mädlingen und
Stotzingen herwärts bis über Gerstetten
sich ausdehnte — geplündert zu werden. Ue=
berall gebrauchten zwar die Franzosen bey ih=
ren Plünderungen immer eine und eben dieselbe
Weise, so daß in der Hauptsache die Mißhand=
lungen und Plünderungen eines Ortes das
schauerliche Bild auch von den andern war.
Doch solle Söhnstetten noch einige besondere,
noch nicht berührte Eigenheiten der französischen
Räubereyen darstellen.

Immer gieng es nämlich zuerst und vorzüg=
lich auf die Pfarrhäuser los. Das hat denn,
wie Gussenstatt, Steinenkirch, Böhmenkirch,
besonders auch Söhnstetten erfahren, woselbst
nicht nur der Pastor durch dreymalige Plünde=
rungen einen Theil seines Eigenthums einbüßte,
sondern auch bey der letzten und nächtlichen
Plünderung die Pastorin genöthiget war, als
eine vierzehntägige Wöchnerin mit ihrem klei=
nen Säugling und drey andern noch unmündi=
gen Kindern aus dem Hause zu fliehen, zuerst

auf

auf dem Heuboden eines Nachbars Sicherheit
zu suchen, und als sie sich auch da nicht sicher
glaubte, sogar auf das freye Feld hinter
Gehäge zu flüchten, und daselbst bis spät in
die Nacht mit den Ihrigen zu verweilen. Ja
blos der über alles wachenden Vorsehung hatte
es dieser Ort zu verdanken, daß nicht auch seine
Häuser ein Raub der Flamme wurden, indem
bey der nächtlichen Plünderung am 11. August
die Franzosen mit Lichtern und Feuerbränden
Scheunen und Heuböden durchsuchten, sogar
in einigen Stuben und Kammern Strohwische
anzündeten, u. s. f. Es wurden auch in diesem Ort allein 37 Pferde gewaltsamer Weise
von den Franzosen aus den Ställen geraubt und
mitgenommen. Ueberhaupt hatte dieser Ort
durch Raub, Plünderungen und Requisitionen
in dem Zeitraum von wenigen Wochen einen
Schaden, von 29000 fl. erlitten. Man stelle
sich denn nun vor, wie groß und beträchtlich
die Summe des erlittenen Schadens, in diesen
Orten zusammen genommen, seyn mußte, da
ein einziges Ort so viel Verlust und Aufwand
hatte, und doch in einigen davon die Plünderungen eben so oft und total, wie in Söhnstetten,

ten, auch die Lieferungen und Requisitionen
zum Theil noch weit beträchtlicher waren.

So lange nun die Franzosen in dieser Gegend sich aufhielten und wirthschafteten, war,
wie freilich überall, alle persönliche Sicherheit
dahin, denn jeder Franzose glaubte beynahe ein
Recht zu haben, jedem ihm Aufstoßenden die
Taschen zu leeren, die Schuhe von den Füßen
zu nehmen u. d. gl. Bey ihren Räubereyen
ruinirten und zerhieben sie auch die Meubles,
rissen von Kommods, Kästen ꝛc. die Schlösser
und Leisten herab, wenn sie dazu Zeit hatten;
und ihr Muthwille gieng öfters so weit, das
gleich wieder zu verderben, was sie so eben geraubt hatten. Denn sie warfen z. B. Brod,
Schmalz, Butter ꝛc. in Koth, streueten das
entwandte Mehl umher, raubten sogar die va-
sa sacra, wie zu Söhnstetten und Steinenkirch;
mißhandelten alte, junge, ja die ehrwürdigsten
Personen; schändeten und nothzüchtigten auf
eine brutale und unverschämte Weise viele
Weibspersonen; es galt ihnen in ihrer viehischen Lust gleich viel, ob es alte oder junge,
kranke oder gesunde waren, wenn sie ihrer nur
hab-

habhaft werden konnten. Einige Belege werden es bestätigen. In Guffenstatt, wo sie
die Weibsleute, die sich aber meistens versteckt
hatten, auffuchten, fiel ihnen unter andern ein
erst vierzehnjähriges Mädchen in die Hände,
das ihnen aber durch eine schleunige Flucht
noch glücklich entflohe, ohnerachtet es im Fliehen leicht verwundet wurde, deffen Vater aber,
der ihm durchhalf, fodann ihre Wuth empfinden
mußte; dagegen eine andere Weibsperson, welche sie noch einzeln in ihrem Hause antrafen,
(deren Geschrey man zwar hörte, sie aber nicht
mehr retten konnte,) — schändeten sieben nach
einander. In Böhmenkirch schändeten sie
ein Weibsbild so lange, bis das Blut von ihr
floß. Von Steinenkirch mußte eine Weibsperson einem Officier auf ein benachbartes Dorf
als Bötin dienen; unterwegs stieg er vom
Pferde, warf sie zu Boden, legte auf die eine
Seite sein Seitengewehr und auf die andere eine
geladene Pistole, und zwang sie so unter Le-
bensgefahr zur Stillung feiner Lüste. Eine andere Weibsperson starb an den Folgen ihrer
Schändungen. In Söhnstetten misbräuch-
ten sie unter andern dießfalls Unglücklichen eine

alte

alte und sogar kranke Person, die auch ein
Opfer ihrer viehischen Brunst wurde.

Auch Züge von Kannibalenwuth zeigten diese
Unmenschen. Z. E. zu Heidenheim auf dem
Galgenberge mußten die daselbst einige Zeit vor=
her justificirten Mörder, deren Körper auf Räder
geflochten waren, herabgenommen werden, und
aus dem noch stehenden Schaffot machten denn
die Franzosen auf der nemlichen für sie reizvol=
len Stelle ein Feuer, an welchem sie ihre Bra=
ten gar machten, und zu solchen selbst die Spi=
tzen, auf denen vorher die Köpfe der Missethä=
ter aufgesteckt waren, als ihre Bratspieße ge=
brauchten. Auch mit dem Schlachtvieh gien=
gen sie grausam um. Einem Ochsen hieben sie
nämlich vorher die vier Füße ab, ehe sie ihn
schlachteten, und einem lebendigen Kalbe schnit=
ten sie die hintern Füße und Schenkel vom Lei=
be, und ließen es sodann liegen. Sogar die
frisch begrabenen Todten hatten vor ihren
Räuberhänden keine Ruhe im sonst stillen Gra=
be. — — Doch die Feder versagt hier ihre fer=
nern Dienste, und die Hand bebt unwillkühr=
lich zurück, mehrere dergleichen Greuelscenen

nie=

niederzuschreiben. Kurz, überall ließen diese
Neufranken traurige Merkmale von Rohheit,
Sittenlosigkeit, Grausamkeit u. s. f. zurück. —
Und wie konnte es anders seyn, da Irreligion
sie leitete, und die meisten sich von der Ehr=
furcht gegen die Gottheit losgesagt hatten?

M. R—r.

X.

Friedensschluß zwischen der französi= schen Republik und dem Herzoge von Wirtemberg.

„Die französische Republik und Se. Durch=
laucht, der Herzog von Wirtemberg und Teck,
von dem gleichen Wunsche beseelt, dem Kriege,
der sie entzweyt, ein Ende zu machen, und die
Handels = und Nachbarschaftsverhältnisse herzu=
stellen, die beyden wechselweise zum Vortheile
gereichen, haben zu ihren Bevollmächtigten fol=
gende Personen ernannt, nämlich: Das Di=
rektorium im Namen der französischen Repu=
blik

blik den Bürger Karl Lacroix, Minister der
auswärtigen Verhältnisse, und Se. Durch=
laucht, der Herzog von Wirtemberg und Teck,
die Herren Karl Baron von Wöllwarth,
Staatsminister und Präsident der Finanzkam=
mer, und Abel, desselben Legationssekretär,
welche, nachdem sie ihre respektiven Vollmach=
ten ausgewechselt hatten, über folgende Artikel
übereingekommen sind:

1. Es soll zwischen der französischen Repu=
blik und Se. Durchlaucht dem regierenden Her=
zoge von Wirtemberg und Teck Friede, Freund=
schaft und gutes Benehmen statt haben. Alle
Feindseligkeiten sollen deßhalb unter den kontra=
hirenden Mächten von dem Tage der Ratifika=
tion des gegenwärtigen Traktats an, aufhören.

2. Der Herzog von Wirtemberg widerruft
jede Zustimmung und Einwilligung, die er öf=
fentlich oder in geheim der Koalition gegen die
französische Republik gegeben hat; jedem Offen=
siv = oder Deffensivallianztraktat, den er gegen
sie möchte eingegangen haben. Er soll künftig
keiner Macht, die mit Frankreich im Kriege ist,
irgend ein Kontingent oder Hülfe, es sey an

Mann=

Mannschaft, Pferden, Lebensmitteln, Geld, Kriegsmunition, oder sonst etwas, unter welchem Namen es sey, liefern, sollte er auch als deutscher Reichsstand dazu aufgefordert werden.

3. Die Truppen der französischen Republik können durch die Staaten Se. Durchlaucht frey durchziehen, können sich darinn aufhalten, und alle militärischen Positionen nehmen, die zu ihren Operationen nothwendig sind.

4. Se. Durchlaucht thut, zu Gunsten der französ. Republik, für sich und seine Nachfolger, auf alle seine Rechte, auf die Gefürstete Grafschaft Mümpelgard, die Herrschaft Herikourt, Paſſavant, und andere die dazu gehören, (Chatelot, Blamont, Clermont, Grange, Clerval,) auf die Grafschaft Harburg, so wie auch auf die Herrschaften Reichenweiher und Oftheim Verzicht, und tritt überhaupt an dieselbe alle eigenthümlichen Besitzungen, Rechte, Gerechtigkeiten und Einkünfte ab, welche er auf dem linken Rheinufer besitzt, samt den Rückständen, die er fordern könnte. Er thut auf alle Ansprüche Verzicht, die er an die Republik, wegen Nichtgenuß der besagten Rechte und Einkünfte, und

wegen

wegen jeder andern Ursache machen könnte, von welcher Art sie auch sey, die älter ist, als gegenwärtiger Vertrag.

5. Se. Durchlaucht verbindet sich, keinem Ausgewanderten oder deportirten Priester der französischen Republik zu erlauben, sich in seinen Staaten aufzuhalten.

6. Es soll unverzüglich zwischen beyden Mächten ein Handelsvertrag geschlossen werden, der sich auf gegenseitige Vortheile gründe. Indessen sollen alle Handelsverhältnisse auf die Art hergestellt werden, wie sie vor gegenwärtigem Kriege gewesen sind. Alle Lebensmittel und Waaren, welche auf französischem Boden gewachsen sind, oder von französischen Manufakturen, Kolonien, oder Fischereyen herkommen, sollen in den Staaten Ihro Durchlaucht freyen Transito, oder auch Niederlage ohne alle Abgabe geniessen, mit Ausnahme des Zolles der Wagen und Pferde. Die französischen Fuhrleute sollen bey Bezahlung der besagten Zölle und Abgaben wie die Nation, welche am meisten begünstigt ist, behandelt werden.

A a   7.

7. Die französ. Nation und Se. Durchlaucht der Herzog von Wirtemberg verpflichten sich wechselseitig, den Beschlag von allen Effekten, Renten, oder Gütern, die man sequestrirt, konfiscirt, zurück behalten, oder verkauft hätte, theils in Ansehung der französ. Bürger, theils in Ansehung aller Einwohner des Herzogthums Wirtemberg und Teck, aufzuheben, und ihnen alle rechtliche Handlungen, Aktionen und Ansprüche, die ihnen zukommen können, zuzulassen.

8. Alle Gefangene, welche auf beyden Seiten gemacht worden sind, sollen in Zeit eines Monats, nach Auswechslung der Ratifikationen gegenwärtigen Vertrags, gegen Bezahlung der Schulden, die sie während der Gefangenschaft mögen gemacht haben, zurück gegeben werden. Die Kranken und Verwundeten werden ferner in den respektiven Spitälern bis zur Genesung verpflegt, und alsdann sogleich zurück gegeben.

9. In Gemäßheit des 6. Art. des Vertrags, der im Haag den 27. Floreal (16. May) des dritten Jahres geschlossen worden ist, wird die batavische Republik in die Gemeinschaft dieses Friedens = und Freundschaftstraktates gezogen.

10.

10. Er soll innerhalb eines Monats, von dem Tage der Unterzeichnung an gerechnet, und noch früher, wenn es seyn kann, ratificirt, und die Ratifikationen ausgewechselt werden.

Geschehen zu Paris, den 20. Thermidor (7. Aug.) des 4. Jahres der einen und untheilbaren Frankenrepublik.

Delacroix.

Karl Baron von Wöllwarth. Abel.

Festgesetzt und unterzeichnet von dem Direktorium den 21. Thermidor. (8. Aug.)

Reveillere = Lepour, Präsident. Lagarde, General = Sekretair.

———————

A a 2   XI.

XI.

Anekdoten und Auszüge aus Briefen.

I.

Eine Berichtigung und zwo Anekdoten.

H * *. am 12. Febr. „Sie haben dem Generale St. Cyr ein großes Unrecht gethan, und ich bitte Sie, daß Sie die falsche Beschuldigung, die Sie S. 91 der ersten Lieferung auf diesen wahrhaft uneigennützigen und edlen Mann wälzen, sogleich zurücknehmen. Nicht er, sondern la Roche hat mit den Sauvegarden gehandelt, und den Herrn von Schilling durch seinen Adjutanten in Kontribution gesetzt.

O St. Cyr war nicht der Mann, der sich so was hätte erlauben können! Er half und erleichterte und schlichtete überall, wo er konnte, und war über jeden habsüchtigen Betrug weit erhaben. — Als er in dem Kloster Wiblingen die Stadt Ulm brennen sah, weinte er über Tisch in Gegenwart der Mönche darüber

über, und gieng dann, sein Gesicht mit dem Schnupftuche verhüllend, hinweg. — Schande den Elenden, welche dieses Betragen, um ihm die Menschlichkeit zu benehmen, die daraus hervorleuchtet, für Zuneigung gegen die Ulmer erklärten, gepflanzt durch ihre Anhäng= lichkeit an die Franzosen! —

Aber la Roche hat sich auf dem ganzen Zuge durch seine Habsucht und Härte stinkend gemacht. — Als er irgendwo im Filsthale einige Kühe hinwegnehmen ließ, und sich die Leute beklagten, sie hätten ja nun keine Milch mehr, so gab er ihnen zur Antwort: „ich werde eine Kompagnie Chasseurs in euer Dorf schicken, und dann sollt ihr in drey Vierteljahren von euren Weibern und Mädchen Milch die Fülle bekommen!“ — Der Barbar!“

2.

Der Sturm von Stauffenek.

St. am 9. Febr. 97. „Unsre sämtlichen Zeitungen haben aus dem der gräflichen Familie von Degenfeld gehörigen, auf einem Hügel über der rechten Seite des Filsthales liegen=

Aa 3   den

den alten Schloße Stauffeneck ein festes
Bergschloß gemacht, und es von den Franzosen im Sturm einnehmen laſſen. Allein an alle
dem iſt kein Wort wahr!

In das Schloß hinein kam kein Mann von
den kaiſerlichen Truppen; aber auf den Anhöhen
umher ſtanden die Vorpoſten von hungariſchen
Huſaren und Scharfſchützen zu Fuß von Oli-
vier Wallis. Jene patrouillirten auf die
Landſtraßen hinüber, welche von Göppingen
nach Ulm und Heidenheim führen; dieſe
aber brobachteten die Bewegungen, welche die
Franzoſen aus ihren Lagern von Göppingen,
Adelberg und Eislingen, ſowohl gegen die
Stellungen des Erzherzogs, als des Generals
Hoze machten.

Am 31. Jul. brachen die Franzoſen plötzlich
auf, und kamen morgens früh unter einem
entſetzlichen Geſchrey und Lärmen vor das
Schloßthor von Staufenck, glaubten da kaiſerliche Soldaten anzutreffen, und verfolgten,
als ſie keinen fanden, die dort ſtehenden Poſten,
welche ſich unterdeſſen zuſammen gezogen hatten,
bis nach Donzdorf und Weiſſenſtein. Etliche

liche Kaiserliche wurden verwundet, und 4 ge=
fangen genommen. Die Franzosen aber hatten
gegen 20 Verwundete nach Göppingen zurück
führen laſſen. Die letztern verſchoſſen bey die=
ſem unbedeutenden Vorpoſtengefecht über 18000
Patronen.

Und das iſt alles Merkwürdige, was um
Stauffenek geſchehen iſt.

3.

Auch etwas über die neueſte Lage Wir=
tembergs.

Stuttgardt am 1. Febr. „Auſer den in
der erſten Lieferung Ihrer Materialien auf=
gezählten Landtagsſchriften, ſind nachher noch
eine Menge anderer erſchienen, ſo, daß ſich itzt
die Anzahl derſelben wohl auf ſechszig erſtreckt.
Ein ſehr vollſtändiges Verzeichnis derſelben,
dem auch die Namen der Verfaſſer großen Theils
beygeſetzt ſind, finden Sie den Bemerkungen
über die Kontributionsumlage, die
kürzlich bey Steinkopf herausgekommen ſind,
beygefügt. Es würde Ihren meiſten Leſern
unangenehm ſeyn, wenn ich das beſagte Ver=

A a 4   zeich=

zeichnis abschreiben wollte. Dann diese Schriften erscheinen wie die Pilze, verschwinden schnell wieder, und man kennt ihre Stätte nicht mehr. Es hat meine Landsleute ein impetus politicus angewandelt, der nun schon wieder aus der Mode zu kommen beginnt, da man nun bey kälterer Ueberlegung einzusehen anfängt, daß bey den Verhandlungen unsers Landtages höchst wahrscheinlich nicht die mindeste Rücksicht auf die in jenen Schriften geäuserten Grundsätze genommen, sondern alles in dem bisher gewöhnlichen Geiste abgethan werden wird. Auch wird man streng bey dem eigentlichen Gegenstande der Deliberationen verharren, und die eingerissenen Mißbräuche in der Verwaltung der Kur der Zeit überlassen, die für alle dabey interessirten Theile die sicherste ist. — Die Zukunft wird diese politische Prophezeyhung bestätigen."

„Unser Hof beobachtet bey den oft sehr kühnen Aeuserungen der öffentlichen Meynung ein gesetztes und vernünftiges Stillschweigen, welches auch das beste Mittel ist, den Eindruck derselben zu hemmen. Einige unsrer Oberforstmei-

meister, welche diesen Geist der feinen Politik
nicht begriffen, haben verschiedene von den
Schriftstellern, welche besonders auf die Abstel=
lung des Wildschadens drangen, als Aufwieg=
ler denuncirt. Aber man legte ihre Denuncia=
tionen zurücke, und schwieg. Zum Beweise,
daß das Haupt und die Kollegien des Staates
den Despotismus so mancher Subalternen eben
so sehr verabscheuen, als das Volk."

„Alle unsre politischen Zeitschriftsteller prei=
sen unsre Verfassung, alle dringen auf die Er=
haltung derselben und alle huldigen dem per=
sönlichen Charakter unsers Herzogs. Wenn
man also den einen oder den andern aufrühre=
rischer Absichten beschuldigt, so beweißt man
damit immer, entweder Unverstand, oder —
was wohl meistens der Fall ist — Furcht eines
bösen Gewissens."

„Die Klagen über den Einfluß und die Prä=
rogative unsers Adels sind zum Theil übertrie=
ben. Zwar stimme ich, so wie jeder andere ver=
nünftige Mann, bey Besetzung der Staatsäm=
ter für die unbeschränkte Konkurrenz der Bür=
gerlichen mit den Adelichen, und halte es in thesi

A a 5   für

für Unrecht, Fremdlinge im Staate anzustel=
len, so lange noch Eingebohrne vorhanden sind,
seyen auch diese Fremdlinge gleich vom besten
Adel. Aber dabey ist doch auch zu beherzigen,
daß in Besetzung der Hofämter dem Fürsten
freye Hand bleiben muß, — daß der Adel im
Grunde nirgens so wenig Gewalt hat, als in
Wirtemberg, — daß die bereits angestellten
ausländischen Adelichen ohne Ungerechtigkeit
nicht verabschiedet werden können, — und daß
der fremde Adel jährlich von seinen Gütern wenig=
stens eine Summe von 200000 Gulden ins Land
zieht, und im Land verzehrt. — Viele Deklama=
tionen gegen den Adel entspringen auch nicht so=
wohl aus Patriotismus, als aus Eigennuß.
Man will eine herrschende Klasse verdringen,
um sich in ihre Stelle zu setzen."

„Mit den Franzosen haben wir allerdings
Friede, und wir beobachten, so weit es unsre Kräfte
gestatten, die strengste Neutralität. Unsre Ver=
bindungen mit Rußland und Preussen ge=
reichen uns in unsrer ißigen kritischen Lage zu
einem großen Schuße, und dieser Schuß wird
noch bemerkbarer seyn, wenn der neue russische
Ge=

Gesandte einmal hier seyn wird, der an den hiesigen Hof akkredibirt ist."

4.

Wirtembergische Landtagslitteratur.

„Ich kann Ihnen nun zum Theil die Ver= fasser der von S. 175=183 I. Lief. aufgezählten Landtagsschriften nennen, und auch das Ver= zeichniß derselben mit einem beträchtlichen Nach= trage vermehren.

Unter der Rubrik I. ist

Nro. 2. Von Märklin in Stuttgardt.

— 3. Von Kanzleyadvokat Zeller ebend.

— 4. Von Kanzleyadvokat Dizinger ebend.

— 5. Von Amtsschreiber Balley in Waib= lingen.

— 6. Von Kanzleyadvokat Rümmelein in Ludwigsburg.

Unter der Rubrik II. ist

Nro. 2. Von Hofgerichtsassessor D a n z in Stuttgardt.

— 3. Von Kammerrath Kapf ebend.

— 4. Von Kanzleyadvokat Bunz in Lud= wigsburg.

Nro. 6.

374

Nro. 6. Von Doktor Plouquet, Prof. Med.
in Tübingen.

— 7. Von Kanzleyadvokat Zeller in Stuttg.

— 8. Von M. Kammerer in Dußlingen.

— 9. Von Oberamtmann Spittler in Beil-
stein.

— 10. Von Schäfereyverwalter Steeb in
Tübingen.

— 11. Von Rath Trefz in Stuttgardt.

— 12. Von Kanzleyadvokat Moser ebend.

— 13. Von Rentkammerbuchhalter Wekher-
lin ebend.

— 14. Von Doktor Gmelin, Prof. Iur. zu
Tübingen.

— 15. Von Advokat Dizinger in Stuttgardt.

— 17. Von Oberamtmann Kraft in Herren-
berg.

— 20. Von Kanzleyadvokat Müller in Stuttg.

— 21. Von Kammerrath Müller ebend.

— 22. Von Pfarrer Kohler in Birkach.

— 25. Von M. Märklin in Stuttgardt.

Außer den angezeigten Schriften sind noch
folgende erschienen, und zwar zur I. Klasse.
1. Gedanken über die Bedienstung der Aus-
länder in Wirtemberg, 8. 1 Bog.

2.

2. Winke für die Wähler und Gewählten zum Landtage, 8. Götting. 796. 2 Bog. (Von Hofrath Heßler in Vaihingen.)

3. Bemerkungen über die Schrift: Ueber die Wahlfähigkeit zur Stelle eines Landtagsde= putirten im Wirtembergischen. 8. 2 1/2 Bog. (Von Amtsschreiber Bolley zu Waiblingen.)

4. Meine Meinung über die Fragen: Was ist in Absicht der Beschreibung der Deputirten zu den Landtägen den Gesetzen und dem Herkommen gemäß? Ist die gesetzliche Be= stimmung mit dem Landesrepräsentations= rechte wesentl. verbunden? Und was erhei= schen Billigkeit und die gegenwärtigen Zeit= umstände? 8. Frkf. u. Leipz. 796. 3 1/2 Bog.

5. Gedanken eines Wirtembergers über den bevorstehenden Landtag und die Wahl- fähigkeit der zu demselben abzuordnenden Deputirten. 8. 796. 2 1/2 Bog.

6. Ueber den bevorstehenden Landtag, von einem wirtembergischen Bürger, zweyte Auf= lage, gr. 8. Frft. und Leipz. 796. 1 1/2 Bog.

7. Zufällige und flüchtige Gedanken eines wirtembergischen Bürgers, nicht Schrei- bers, nicht Gelehrten, nicht Raisonneurs,

bey

bey Durchleſung der Schrift: Ueber die Wahlfähigkeit zur Stelle eines Landtags-deputirten in Wirtemberg. 8. Warſchau, 796. 1 Bogen.

8. Vorſtellung und Bitte der Bürgerſchaft in Stuttgardt an ihren Stadtmagiſtrat, wegen des bevorſtehenden Landtages. Im Novem= ber 1796. 2 Bogen. (Von Kanzleyadvokat Oſtertag in Stuttgardt.)

9. Anhang zu der von dem Herrn Hofrath Spittler herausgegebenen Nebeninſtruktion. Im Oktober 796. 1 Bogen.

10. Ueber öffentliche Erziehung und Anſtalten. Jedem edlen Wirtemberger. 8. 796. 2 Bog. (Von Prof. Jahn in Ludwigsburg.)

11. Ueber zweckmäßige Armenanſtalten in Schwaben, 8. Stuttg. 796. 1 1/2 Bogen. (Von Waiſenhausprediger Schöll in Lud= wigsburg.)

12. Zur Beurtheilung an die wirtembergiſche Landtagsdeputirte. 1/2 Bog. (Von Gaſtwirth Scheurlen zu Nattheim.)

13. Die Bürger Heidenheims an ihren Land= tagsdeputirten. 8. 797. 1 Bog. (Von Kanz= leyadvokat Heuchelen in Heidenheim.)

14.

14. Unmaßgebliche Gedanken über die vielen Gebrechen einer Landmiliz, und wie ein dauerhaftes, stehendes, den vaterländischen Einkünften angemessenes, aus Landskindern bestehendes Militär in Wirtemberg zu erzielen seyn möchte. Im Januar 797. 8. 24 S.

15. Instruktion oder Staat des engern und großen landschaftlichen Ausschusses in Wirtemberg, nebst den dahin einschlagenden neuesten Grundsätzen und einigen Bemerkungen für die neue Abfassung des Ausschußstaates. 797. 8. 34 S.

16. Verschiedene Gründe, warum die Abhaltung eines Landtages in Wirtemberg unvermeidlich sey. 8. 16 S. Im Decemb. 796.

17. Vernunft - und schriftmäßiges Schutz-Trutz- und Vertheidigungslibell für den wirtembergischen Adel, gegen die demokratischen und jakobinischen Belialsöhne unsrer Zeit, kurz und einfältig gestellt, von Sebastian Käsbohrer, p. t. Schulmeister zu Ganslofen, kl. 8. 3 Bog. Waldangelloch und Leipzig 797.

18. Thränen eines Mannes, geweint über den Verfasser des Schutz- Trutz- und Vertheil-

thelbigungslibells für den wirtembergischen
Adel. 2 Bogen. 8. 797. (Von dem Lieute=
nant Eugen von Scheler in Stuttgardt.

19. Herzliches und aufrichtiges Troſt - und
Condolenzſchreiben an den guten Mann,
welcher über den Trutzlibell für den wir-
tembergiſ. Adel, im Angeſichte des ehe-
löblichen Publikums Thränen vergoſſen
hat, entlaſſen von Willibald Panzhaaf, p.
t. Proviſor in Ganslofen. kl. 8. 2 1/2 Bog.
Rummelshauſen und Hebſak. 797.

Zur II. Klaſſe.

1. Der Eremit Kaphta an die Bewohner Wir=
tembergs und Schwabens, oder: wie iſt der
Schaden, den die Neufranken in diefen Gauen
verurſachten, in etwas wieder gut zu ma=
chen? 2 Bog. 8. Germanien. 796. (Von
Premierlieutenant Hehl in Heimsheim.)

2. Patriotiſche Bemerkungen über die Dimjnu=
tion der zu der franzöſ. Brandſchatzung ein=
zuziehenden Vermögensſteuer 2c. 2c. 8. 1 Bo=
gen. Sizilien 796.

3. Bemerkungen über die Umlegung der franzöſ.
Kontributionen in Wirtemb. 8. 3 1/2 Bog. 796.

Die

Die ganze Summe aller über unsern Land=
tag erschienenen Schriften beläuft sich also nach
diesem Verzeichnis auf 60 Stücke. Indessen ist
dasselbe aber noch nicht ganz vollständig, ob
wohl nur etliche wenige Piecen fehlen werden,
und beynahe jede Woche erscheint wieder ein
neuer Zuwachs dazu."

5.

Das Schicksal des Pfarrers von Scharn=
haufen.

A. B. Stuttgardt am 30. Aug. 796.
„Am 22. Jul. sprengten 3 rothe Husaren in
das in dem Bezirke des hiesigen Oberamtes
liegende Dorf Scharnhaufen herein, und
suchten, ihrer leidigen Sitte gemäß, zuerst im
Pfarrhause einzudringen, wo der Pfarrer, ein
sehr gutdenkender Mann, Namens Gmelin,
eine kleine Bedeckung von einigen Bürgern um
sich her versammlet hatte. Ein Karabinerschuß,
der die Kugel über die Achsel eines dieser muthi=
gen Dörfer hinwegschleuderte, machte den Muth
der Bedeckung sinken, und die Miene der Ge=
genwehr brachte die Franken auf den Gedanken,
sich des Pfarrers und seines Angstgefährten,

B b   des

des Dorfprovisors, gewisser zu versichern, welches denn auch geschah, indem sie beyde an
Riemen banden, und ihnen zu folgen befahlen."

„Einer von den 3 rothen Husaren ritt voran,
und zween folgten mit gezückten Säbeln und
gespannten Pistolen. In der Mitte wankten
die beyden geängsteten Gefangenen; zu denen
bald darauf sich auch der Dorfschulze gesellen
mußte, der angstvoll herbey gelaufen war.
Zwar schien hie und da einer der Franken, die
ihnen begegneten, von der Angst der Gefangenen
gerührt zu werden; allein das schien auch nur,
und im Grunde dachte einer wie der andere. —
Der Zug gieng Plieningen zu, einem Dorfe
nahe bey Hohenheim, und schon hatten sie
dasselbe im Gesichte, und mit seinem Anblicke
unzählige noch traurigere Scenen, als der
Pfarrer, dem das Herz bey jedem Schritte un-
gestümmer pochte, seinen unbarmherzigen Ge-
leitsmännern Geld anbot, um seine Entlassung
auf diesem Wege Rechtens zu bewirken. Die
von den Franken geforderte Summe betrug
50 Louisb'or, die sie aber endlich selbst, die
Grösse ihrer Unverschämtheit fühlend, auf 10
Louis-

Louisd'or herunter setzten. So wurde der Pfar=
rer los. Auch der Schulze und Provisor ran=
zionirten sich durch die Hingabe ihrer ganzen
Baarschaft."

„Eine fürchterliche Todtenstille brütete über
allen Hütten Scharnhausens bey der Rück=
kunft der Losgelassenen."

„Eine schreckliche Kanonade hallte aus der
Gegend von Eßlingen und Kanstadt her,
und schlug alle umliegenden Oerter in grause
Furcht darnieder. Oben auf den Stirnen der
Weinberge Scharnhausens tummelten sich
die Streiter in wilden Scharmützeln. Der
Pfarrer sahe mit eigenen Augen den Grausa=
men, von einem Schwerdstreiche getroffen, nie=
dersinken, dessen Herz nur durch die 10 Louis=
dors zur Schonung bewegt werden konnte.
Noch am nemlichen Tage, Abends um 7 Uhr,
wendete sich das Kanonenfeuer Scharnhau=
sen zu. Von den sogenannten Maieräckern
aus flogen die Kugeln der Oesterreicher in ge=
rader Richtung über das Dorf in ein kleines Ge=
hölze auserhalb desselben, wo die Franken sich
verborgen hielten."

Bb 2   „Heer=

„Heerhaufen ergrimmter Feinde flogen ab=
wechselnd durch die Straßen, und — der zit=
ternde Pfarrer suchte Schutz im Hause des
Schulmeisters, weil seine eigene Wohnung je
mehr und mehr umzingelt wurde. Einer der
edlen Männer, deren Anzahl bey der Armee
des Kaisers nicht gering ist, ein Rittmeister,
ließ den Pfarrer bitten, für die Sicherheit seiner
Gattin zu sorgen. In leichte Kleider verhüllt,
wanderte sie in das nahe gelegene Kloster
Denkendorf. Herzdurchschneidend war das
Wimmern der fliehenden Menschen; die Wol=
ken durchriß das Gebrülle des fliehenden
Viehes."   —

„Noch ehe es ganz Nacht wurde, erstiegen
der Pfarrer und der Provisor den obersten Bo=
den des Schulhauses; ihr Ruhebette bestand
aus 7 gefüllten Habersäcken. Wer vermag ihre
bangen Sorgen zu schildern?"

„Endlich kam der 23. Julius, der für
Scharnhausen ewig unvergeßliche Tag.
Ein Haufen fränkischer Reuter begann das Ort
förmlich zu plündern. Zwanzig derselben, zu
denen sich auch noch das Gesindel der fußge=
heu=

henden Chasseurs gesellte, eroberten das stark ver=
rammelte Pfarrhaus. Alle Habseligkeiten wurden
in demselben ihre Beute. Was nicht zu rauben
war, wurde verderbt. Neun Eimer Wein, das
beste Gewächs von 83 = 94 wurde theils fortge=
schleppt, theils vergeudet. Vom Pfarrhause
flogen sie in das Schulhaus, dem es eben so
wie jenem ergieng."

„Ach, unter den Ziegeln des Hauses bang=
ten noch immer der Pfarrer und Provisor.
Beyde hatten die Fallthüre, welche zu ihrem
Kerker führet, mit starken Bretstücken zugena=
gelt; auf dieser lagen die 7 Habersäcke. Drey=
mal widerstand diese Verschanzung dem An=
griffe der Franken; aber wer sollte es ahnen?
Eine niedrige Verrätherey entdeckte ihnen den
Zufluchtsort der Armen. Itzt ströhmten neue
Haufen fränkischer Streiter herbey. Einige
umzingelten das Haus, andere machten Anstalt,
es in Brand zu stecken. Von oben herab sahe
der Pfarrer in die grausigen Anstalten. Der
vierte Angriff gelang. Auf den Knieen, mit ge=
falteten Händen lagen betend die beyden. Mit
Bajoneten durchbohrt verlohren die Habersäcke

B b 3 die

die Kraft des Gegendrucks; den wiederholten Schlägen erlag die Fallthüre. In der Wilden Gewalt sahen sich nun der Pfarrer und der Provisor, welcher letztere nicht ohne Kampf sich ergab. Der Provisor erhielt derbe Ohrfeigen; der Pfarrer eine leichte Verwundung an der rechten Hand. Jenem wurde noch eine Karolin, diesem noch 150 fl. abgeängstet. Nach tausendfältigen Scenen des Jammers, und da der Gewaltthätigkeiten noch immer mehrere drohten, flohen beyde nach Denkendorf unter einem fürchterlichen Gewitter."

„Am 24. kamen neue Plündererhorden, die aber, von muthigen Bürgern übel empfangen, schleunig zurückeilten. Der fränkische General, der sich in Denkendorf befand, schickte eine Sauvegarde. Sie sollte des Nachts das Dorf beschützen, die am folgenden Tage aber selbst Miene zum Plündern machte. Der 26. stellte endlich die lange ersehnte Ruhe wieder her."

6.

Die Franzosen in Murr, am 26. Jul. 796.

A. B. a. Marbach. — „Murr ist ein in dem wirtembergischen Oberamte Marbach,

an dem Murrfluſſe liegendes Pfarrdorf, deſ=
ſen älteſte Einwohner eine römiſche Kolonie
waren. Man fand hier einen römiſchen Altar,
Ruinen eines römiſchen Tempels, nebſt vielen
Münzen, Vaſen und andern Alterthümern.
Der gefundene Altar hat die Inſchrift: IN. H.
D. D. VOLCANO. SACRVM. VICANt
MVRRENSES. V. S. L. M.

Am 24. Jul. Abends um halb 10 Uhr ka=
men 6 franzöſiſche Reuter nebſt einem Fußgän=
ger in das Ort, verſammelten ſich vor des
Schulzen Haus, und forderten im Namen ih=
res Kommandanten für 50 Mann Schinken
und Wein. Als man ihnen Rindfleiſch geben
wollte, ſo ſchrien, tobten und drohten ſie, bis
endlich der Pfarrer ſeinen Vorrath hergab.
Ueberdieß verlangte ein jeder Mann 12 Livres.
Sie erhielten 38 fl. 30 kr. und damit zogen ſie
ab.

Auf dieſe folgten 5 andere Reuter, welche
nach des Schulzen Haus fragten, die verſam=
melte Bürgerſchaft mit gezogenen Säbeln ver=
jagten, und erklärten, daß in einer Stunde
2000 Mann ins Quartier einrücken würden.

Um

Um diese herzuführen, sollten Schulze und Bürgermeister mit ihnen fort. Sie ergriffen diese beyden Männer an den Röcken und schlepp= ten sie mit sich hinweg.

Sobald sie solche auser dem Orte hatten, erklärten sie ihnen, daß das Dorf 100 Duplo= nen bezahlen müsse, oder sie bekämen nie wieder ihre Freyheit. Drey von den Räubern blieben bey dem Schulzen auf dem Felde und schickten zwey andere mit dem Bürgermeister herein, un= ter der Bedrohung, daß die mindeste Gegen= wehr der Bürger oder ein gehörter Schuß den Schulzen das Leben kosten würde. Sie ließen sich endlich mit 169 fl. 38 kr. abfertigen, und entließen die Gefangenen.

Durch diese Prellereyen aufgebracht, ent= schlossen sich die Einwohner bey ähnlichen An= fällen zur Vertheidigung.

Des folgenden Tages um halb 4 Uhr kamen einzelne Haufen bewafneter Infanteristen, die an den ersten Häusern mit den Flintenkolben pochten, und die Thüren einzustoßen versuch= ten. Es entstand ein allgemeiner Lermen. Die
Bür=

Bürger kamen mit Prügeln, Schaufeln, Mist=
gabeln und andern Werkzeugen herbey, um sich
Ruhe zu verschaffen. Sie wollten die Plünde=
rer umringen, in Schrecken setzen und dem Ge=
neral zu Marbach als Räuber einliefern.
Ein Franzos schoß auf die Bürger. Das war
das Signal zum Treffen. In wildem Unge=
stümm stürmten die Letztern auf die Erstern
los. Drey Franzosen blieben auf dem Platze
und 7 wurden tödtlich verwundet. Die Letztern
führte man auf einem Wagen nach Marbach,
wo noch einer unter dem dortigen Rathhause
starb. Einer ward mit einer Art todt geschla=
gen; ein anderer von einem Weibe mit einer
Mistgabel erstochen. Ein anderer schoß nach
einem Bürger; dieser entriß ihm aber die Flinte
und streckte ihn mit dem Kolben nieder. Von
den Bauern wurde keiner verwundet und nur
einer todt vor einem Garten gefunden. Ein
Franzos, der für todt gehalten wurde, ward
in die Murr geworfen; aber er schwamm auf
der andern Seite wieder hinaus.

Die entkommenen Franzosen flohen und
holten Verstärkung, nahmen den Bürgermeister

mit

mit sich ins Hauptquartier nach Marbach und
drohten ihn zu ermorden und den Ort anzuzün=
den. Der General D. aber ließ sich die Frey=
heit des Gefangenen mit einem schönen Pferde
abkaufen, welches der Schulze hergab.

Diese Prellereyen kosteten den Ort Murr
860 fl. und den einzelnen Einwohnern wurden
für 493 fl. Effekten, Kleidungsstücke, Viktua=
lien u. d. gl. gestohlen. Vorzüglich raubten sie
Schuhe. Ein Schneider aber verstand den
Spaß unrecht. Ein Franzos wollte ihn nie=
derwerfen, um ihm die Schuhe auszuziehen.
Er zog das Messer und stieß es dem Räuber in
den Nacken.

In wenigen Stunden erlitt also Murr
einen Schaden von 1353 fl.

7.

Die Plünderung zu Bittenfeld.

A. B. a. Ludwigsburg vom 9. Febr.
797. — „Am 26. Jul. Vormittags erschienen
einige französische Officiere, von wenigen Gemei=
nen begleitet, zu Bittenfeld, einem Dorfe
von ungefähr 800 Inwohnern, im Umfange
des

des wirtembergischen Oberamts Weiblingen. Diese Herren kehrten im Pfarrhause ein, ließen sich Essen und Trinken wohl schmecken und verabschiedeten sich mit aller Höflichkeit, nachdem sie, was ihre Absicht gewesen war, die Gelegenheit zum Plündern ausspionirt hatten.

Kaum hatten sie sich entfernt, als zahlreichere Haufen in das Dorf eindrangen, in allen Häusern und zuerst im Pfarrhause zu plündern anfiengen, und es bis Abends um 7 Uhr fortdauren ließen. Sie nahmen alles mit, was sie an Geld, Kostbarkeiten, Geräthschaften, auch an Vieh, Schweinen und Geflügel bekommen konnten.

Vier verschiedene Horden umgaben an diesem Nachmittage den dortigen Prediger, Herrn M. Pfister, mit Ober- und Untergewehr, und nöthigten ihn durch Drohungen, ihnen nach und nach seine Baarschaft an Geld zu übergeben, welche sich auf wenigstens 300 fl. belief. Andere drangen indessen gewaltsam in seinen Keller ein und schleppten einen Theil seines ansehnlichen Weinvorraths fort und einen Theil ließen sie in die Erde laufen. Ein rechtschaffe-
ner

ner Officier kam ihm aber endlich doch zu Hülfe.
Er half die Kellerthüre versperren und trieb die
Räuber mit Gewalt weg.

Allein was am Nachmittage geschahe, war
noch bey weitem nicht das Aergste.

Abends ritt ein Haufe von ungefähr 100
französischen Jägern unvermuthet in das Dorf
herein, und fiengen das Plündern von neuem
an. Sie betrugen sich weit wilder als die ersten.
Nicht genug, daß sie die Leute beraubten. Sie mißhandelten sie aufs äuserste; suchten ihnen durch
Schläge ihre verborgenen Sachen abzupressen;
verwundeten einen Jüngling durch einen Stich,
und den Vater desselben durch einen Säbelhieb.
Ein schreckliches Donnerwetter überzog zugleich
die bange Gegend. Die beherztesten Leute ge-
trauten sich nicht mehr in den Häusern zu bleiben. Jedermann floh aufs Feld, oder in die
benachbarten Gebüsche. Der Pfarrer aber
nahm mit den Seinigen seine Zuflucht in die
Sakristey, und brachte daselbst die Nacht in
steter Todesangst zu, während in seiner Wohnung abscheulich gehaußt wurde.

Der

Der Schulmeister meldete dem Pfarrer, daß die Barbaren den Ort verlaſſen hätten, und er begab ſich mit den Seinigen in ſeine Wohnung zurück, und ſtarrte den Greuel der Verwüſtung an, der ſich ihm darbot. Aber in dieſem Augenblicke ſtürmte ſchon wieder eine neue Horde herein, und plünderte zuerſt die Kirche und Sakriſtey, und dann die andern Häuſer. Die meiſten Einwohner entflohen, und ſuchten ihre Sicherheit auf dem Felde, oder in benachbarten Orten, bis endlich die Nachricht kam, daß ſich die Unmenſchen entfernt, und mit ihrem Lager eine halbe Stunde von Wittenfeld aufgebrochen ſeyen.

Dem Pfarrer bot ſich bey ſeiner Zurückkunft, mit dem Eintritte in ſein Haus, der ſchauerlichſte Anblick dar. Das ganze Haus war rein ausgeplündert. Auf den Böden gieng man Schuhes tief in den ſchönſten Federn. Der Keller war alles Weins beraubt, und die Fäſſer zum Theil eingeſchlagen. Alle Kommods, Käſten und Schränke waren ruinirt. Drey Schweine, eine Menge Geflügel und ein ſehr ſchönes Pferd waren mit fortgenommen. Dieſer Mann litt allein einen Schaden von 4244 fl.

So

So wie es im Pfarrhause hergieng, gieng es auch in den übrigen Häusern. Der Plünderungsschaden der Bürger beträgt ohne den Verlust ihres Predigers 17000 Gulden.

Einige Monate später wurde das Unglück dieses bemitleidenswerthen Dorfes vollkommen, indem die Hornviehseuche mit ungewöhnlicher Heftigkeit wüthete, und den Inwohnern dasjenige vollends entriß, was ihnen der Feind gelassen hatte.

8.
Der Waffenstillstand.

Bey Eglingen ist ein schöner, großer Braunbierkeller, welcher dem Fürsten Taxis gehört. Das Bier ist vorzüglich gut, und der Keller war eben reichlich damit gefüllt, als die Kaiserlichen und die Franzosen in der Gegend ankamen. Der Keller gerieth in die Mitte, und indem beyde Theile darum stritten, stand er in Gefahr, zu Grunde gerichtet zu werden, ehe der eine oder der andere dazu gelangte. Da fiel es dem einen Theile ein, dem andern einen Waffenstillstand vorzuschlagen. Der Waffenstillstand ward angenommen, und so lange fort-
ge-

geſetzt, bis ſie den Keller in jovialiſcher Ein‑
tracht gemeinſchaftlich ausgeleert hatten.

9.
Die Veſper.

Als die Kaiſerlichen im Ries die Entſetzung
von Mantua feyerten, und die Kanonen laut
in das Kloſter Neresheim herein donnerten,
wo ſich die Franzoſen ſchon befanden, ſagte
der General Moreau: „Hören Sie, die
Kaiſerlichen halten ein Hochamt; gut! ich
werde Nachmittag die Veſper dazu geben!“
Er ließ wirklich Nachmittags mehrere Bataillone
ausrücken, die Kanonen donnerten, und ſehr
viele Oeſterreicher wurden gefangen eingebracht.

10.
Die Siegeszeichen von Höchſtädt.

Zum Andenken an die berühmte Schlacht
bey Höchſtädt, im J. 1704. wurden daſelbſt
noch immer zwey den Franzoſen abgenommene
Fahnen aufbewahrt. Das erfuhr Moreau,
und er ließ durch ein eigenes von Augsburg
aus abgeſandtes Kommando dieſe Fahnen ab‑
holen.

XII.

XII.

Französische Oberpostdirektion in Schwaben.

Der durch seine politischen und publicistischen Schriften, durch seine Verdrüßlichkeiten mit dem höchstseligen Herzoge Ludwig von Wirtenberg, durch seine darauf erfolgte Auswanderung aus Deutschland nach Frankreich, durch seine Thätigkeit für die Revolution und durch seine in der terroristischen Periode erlittenen Schicksale berühmte Bürger, Friedrich Cotta, erschien unmittelbar nach der Ankunft der Armee in Stuttgardt, stellte sich als Generaldirektor der sämtlichen bisherigen kaiserlichen und tarischen Posten auf der rechten Rheinseite dar, forderte die bisherigen Postbeamten zur Treue gegen die Republik auf und machte sie in dem folgenden Cirkulare, das in einem Codex diplomaticus für die Schwäbische Kriegsgeschichte nicht fehlen darf, mit ihren neuen Verpflichtungen bekannt. Es blieb aber größtentheils nur bey der Aufforderung. Denn die Patrouillen von dem Petraschischen

ſchen Korps ſtreiften bald bis nach Stuttgardt und zwangen das Poſtperſonale, ſich
eiligſt zu entfernen.

An ſämtliche bisherige Kaiſerliche Reichs-
und Kaiſerlich = Königliche Poſtbeamten auf der
rechten Seite des Rheins.

Freyheit.   Gleichheit.

Von wegen der Frankenrepublik, nach An-
weiſung ihres Vollziehungsdirektoriums, hat
Bürger Hausmann, Regierungskommiſſär
bey der Rhein = und Moſelarmee unter dem
29. Thermidor jüngſt beſchloſſen, daß die geſamten bisherigen Kaiſerlichen Reichs = und Kaiſerlich Königlichen Poſten in dem von den
Truppen der Republik auf der rechten Seite des
Rheins beſetzten Lande unter eine General = und
Oberpoſtdirektion geſetzt ſeyn ſollen, und dieſe
der Republik Poſtdirektion in Deutſchland hat
derſelbe zugleich dem Bürger Friedrich Cotta aufgetragen.

Ee   Je

Ich zeige Ihnen,

meine Kollegen!

diese Anordnung hiemit zur Nachachtung an,
lade Sie ein, mit mir zum Zweck derselben mit=
zuwirken und ersuche Sie zugleich, mich mit
Ihren Amtskenntnissen, so wie mit Ihrem
Diensteifer zur Beförderung des allgemeinen Be=
sten zu unterstützen.

Jeder von Ihnen und Ihren Amtsunterge=
benen bleibt von Seiten der Frankenrepublik
ungekränkt bey seinem Dienste und bey seiner
Einnahme für geleistete und noch zu leistende
Postverrichtungen, ist überdieß von nun an als
Diener der Republik in dem besondern Schutze
derselben für seine Person, Familie, sein Ei=
genthum, seine Amtsbedürfnisse und seine bis=
herigen Postzuständigkeiten. Letzteres gilt be=
sonders von den sogenannten Postprivilegien
und Freyheiten, als solche blos zum Vortheile
der Postanstalt selbst dienende Rechtsbestim=
mungen sind, auch die sonstigen bürgerlichen
Verhältnisse nicht verletzen, und daher wolle
jeder Eingriff in diese Postprivilegien, welcher
itzt zugleich ein Eingriff in die Rechte der Re=
publik

publik wäre, mir sogleich und unmittelbar ge=
meldet werden, damit ich Anstalt treffe, ihn
auf der Stelle mittelst der Macht der Republik
abzutreiben.

Dagegen ist jeder Postbediente verbunden,
der Republik Diensttreue zu leisten, weßwegen
sogleich folgende Erklärung auf einem halben
Bogen, deutlich geschrieben, an mich einzusen=
den ist:

Ich Unterzeichneter, als gegen=
wärtig der Frankenrepublik (Amts=
namen) zu (Ortsnamen) nebst allen
meinen Amtsuntergebenen, nament=
lich: (Familien = und Dienstnamen jedes
derselben, ohne Unterschied, als Sekretär,
Kondukteur, Wagenmeister, Postillon, Or=
dinarireuter,) wir versprechen andurch
der Repulik in allen Punkten, wel=
che unsre Postdienste betreffen, treu
zu seyn. Urkundlich meiner Unter=
terschrift. Geschehen zu (Ortsnamen)
den (Tag, Monat und Jahr) der frän=

lischen, und (Tag, Monat und Jahr)
der deutschen Rechnung.

    (Familiennamen des im Ort befindli-
chen ersten Postbeamten.)

Jeder von Ihnen und Ihren Amtsuntergebenen ist ferner verbunden, sich Postbedien-
steter der Republik zu nennen und zu
schreiben, auch keine andere Benennung von
andern anzunehmen, und als Diener der Republik von itzt an immer die dreyfarbige Kokar-
de derselben am Hut zu tragen, hingegen sich
aller andern bisherigen Dienstverhältnißzeichen,
namentlich der Adler auf den Poströcken, gänzlich
zu enthalten. Eben so müssen aus dem nämlichen Grunde von den Amtshäusern alle Schilde,
worauf Wappen sind, sogleich abgenommen,
auch statt derjenigen Amtssiegel, welche Wappen, oder die Benennung „Kaiserliche Reichs-
oder Kaiserlich - Königlich" enthalten, nur
einstweilen die eigenen Siegel der Postbeamten
gebraucht werden.

Endlich muß ich noch bemerken, daß wir
als Diener der Republik verbunden sind, uns
der Zeitrechnung derselben zu bedienen; weil wir

                         aber

aber unſern Dienſt in Deutſchland verſehen, ſo
dürfen wir, zum Vortheile des Publikums,
damit auch die deutſchländiſche Rechnung alſo
verbinden, wie gegenwärtiges Cirkulare und
deſſen Unterſchrift zeigt.

Wer von Ihnen oder Ihren Amtsuntergebe»
nen einer der vorſtehenden Anordnungen, welche
doch von dem gegenwärtigen Zuſtande der Din«
ge unzertrennlich ſind, ſich nicht fügen wollte,
müßte vom Poſtdienſte ſogleich entfernt werden.

Was die Poſtanſtalt ſelbſt betrift, ſo bin ich
überzeugt, Sie ſeyen alle gleich mir geſinnt,
dieſelbe nicht nur aufrecht zu erhalten, ſondern
auch alles das wieder herzuſtellen, was während,
der Kriegsunruhen in augenblickliches Stocken
gerathen war. Die reutende und die fahrende
Poſt muß demnach in allen den Orten, welche
die Truppen der Republik auf ihrem Sieges«
zuge itzt ſchon hinter ſich haben, oder bald
haben werden, ſogleich in eben den Gang wie«
der kommen, worinn ſie vor einem Vierteljahre
war; jeder von uns wird auf der Stelle das
ſeinige dazu beytragen. Sie ermeſſen von ſelbſt,
daß daneben alles das pünktlich geſchehen muß,

was

was die Armee = Post = Direktion für ihren Dienst
angeordnet hat; jeder, welcher damit beschäf=
tigt ist, wolle mir in Bälde darüber schriftlich
volle Auskunft geben, um die etwa von dieſſeits
nöthigen Verabredungen mit jener Direktion
treffen zu können. Vorläufig bemerke ich, daß
die zum Armee = Post = Dienſt erforderlichen
Pferde auf Requiſition von den Ortsbeamten
jeder Station zu liefern sind. Zur Beförderung
des Postdienstes werden diejenigen Ober = und
Postmeister, bey deren Stationen es nöthig ist,
Päſſe empfangen, mittelſt derer jeder ihrer
Amtsuntergebenen in Versehung seines Dienſtes
alle Hülfe und Unterſtützung von Seiten der
Republik finden wird. Erinnern Sie aber
nachdrücklich jeden derselben, einen solchen Paß
weder zu mißbrauchen, noch andern Personen
zu lehnen, weil nicht nur wegen der Faſſung
des Paſſes selbſt ein solcher Betrug sogleich
entdeckt werden, sondern auch der, welcher sich
deſſen schuldig gemacht hätte, ihn unnachsichtlich
mit dem Verluſt seines Lebens zu büſſen haben
würde.

Wir alle kennen hoffentlich die Pflichten,
welche wir gegen die Republik und gegen das
Publi=

Publikum haben, und daher enthalte ich mich
ihrer hier umständlich zu gedenken.

Indeſſen bin ich doch genöthiget, in Betreff
des Poſtgeheimniſſes Sie ernſtlich zu erinnern,
mir jede Zumuthung zur Verletzung deſſelben,
auf der Stelle, um ſo gewiſſer zu berichten,
als der, welcher diesfalls ſaumſelig wäre, der,
welcher einem von Ihnen, oder Ihren Amts=
untergebenen die Auslieferung irgend eines Brie=
fes ꝛc. zumuthet, — ſein Stand nach der
deutſchländiſchen Verfaſſung ſey auch noch ſo
hoch, und derjenige Poſtbediente, welcher irgend
einen Brief anders, als nach Vorſchrift der
Addreſſe auszuliefern ſich beygehen lieſſe, dafür
am Leben, an der Freyheit, an der Ehre, durch
ein Gericht in Frankreich geſtraft werden würde.

Die bisherige Unterordnung der verſchiede=
nen Poſtbedienten ſoll zwar ferner bleiben, wo=
fern nämlich der Obere eines ſolchen in dem
von den Frankentruppen beſetzten Lande, dieſ=
ſeits Rheins, ſeine Amtsreſidenz hat. Glaubt
jedoch ein Untergebener deſſelben, es ſey für
den Poſtdienſt nöthig, ſich unmittelbar an mich
zu wenden, ſo mag er es eben ſowohl thun,

Cc 4

als

als sich solches von den Oberpostmeistern und
von denjenigen Postbeamten von selbst versteht,
deren Oberpostmeister ꝛc. noch in einem Lande
seine Amtsresidenz hat, von wo weder Allianz,
noch Neutralität oder Waffenstillstand gegen
die Republik beobachtet wird, oder welches
nicht von fränkischen Truppen besetzt ist.

Amtschreiben an mich wollen immer „An
die fränkische General = und Oberst=
postdirektion in Deutschland, Stutt=
gardt.“ addressirt werden.

Nicht nur ist in solchen Amtschreiben oben
blos das Orts= und Zeitdatum und unten blos
der Familien = und Dienstnamen des Schreiben=
den ohne irgend einen Zusatz zu setzen, sondern
ich begehre noch weiter als Gefälligkeit gegen
mich, daß auch im Texte selbst alle und jede
Kurialien, so wie überhaupt alles zur Sache
selbst Undienliche jedesmal hinweg gelassen wer=
den. Wenn diese für Geschäftsmänner allge=
meine Vorschrift ich selbst im gegenwärtigen Cir=
kulare nicht nach aller Strenge beobachte, so
geschieht solches nur in der Absicht, um so eher
Ihr zum öffentlichen Dienst mir nöthiges und
schätzbares Zutrauen zu gewinnen.

Also

Alle Amtseinnahmen, ohne Unterschied, welche vom 13. Messidor (1. Julii) bis 30. Thermidor (17. August) gemacht wurden, müssen mit umgehender Ordinari, und die, welche vom heutigen 1. Fruktidor (18. August) bis zum 15. Fruktidor (1. Sept.) einschlüßlich gemacht werden, müssen mit der ersten darauf folgenden Ordinari, laut der mir dießfalls geworbenen Verordnung, unfehlbar, und bey Gefahr, sonst vor ein Militärgericht gezogen zu werden, eingesandt werden; die Entschuldigung, diese Gelder ganz oder zum Theile schon an eine andere Behörde geliefert zu haben, könnte nicht angenommen werden, es wäre denn, daß ein fränkischer General oder Kriegskommissär irgend etwas davon empfangen hätte, in welchem Falle dessen Quittung darüber in Original oder in einer legalen Abschrift mir sogleich einzusenden ist. Die Postamtseinnahmen sollen zur Bestrettung der Kosten dieser Anstalt verwendet, und derselben Ueberschuß durch mich in die Hauptkasse der fränkischen Rhein= und Mosel= armee geliefert werden, folglich darf kein General, Kriegskommissar ꝛc. irgend etwas davon fordern, und folglich hat auch jeder von Ihnen

an

am 9. Vendemiaire (30. Sept. 796.) von seiner
weitern Amtseinnahme vorläufig das abzuzie=
hen, was auf sein Postamt zu verwenden ist,
und dann nur den Rest an mich einzusenden,
im Falle aber, daß noch etwas ihm herauszu=
zahlen wäre, hat er den dießfalsigen Betrag
durch mich zu gewärtigen.

Unterdessen aber lade ich einen jeden von
Ihnen ein, mir mit umgehender Ordinari Ab=
schrift von ihrer Amtsrechnung (vom 12. Mes=
sidor, 31. Jul.) einzusenden, damit ich den mir
dieserwegen aufgetragenen allgemeinen Bericht
ohne Aufenthalt verfassen kann. Ich hoffe nicht,
in den Fall zu kommen, diese Abschrift oder
obgedachten Amtseinnahmen auf Kosten eines
Saumseligen bey diesem durch eine Ordonnanz
abholen zu lassen, wie ich jedoch bey dem min=
desten Anstande nicht umhin könnte.

Gruß und Bruderliebe.

Stuttgardt den 1. Frukt. 4. der frän=
kischen, und den 18. August 1796 der
deutschländischen Rechnung.

Der Frankenrepublik General=
und Oberpostdirektor in Deutschland.
Unterzeichnet Friedrich Cotta.

Nach=

Nachschrift.

Ich finde nöthig, folgendes noch besonders zu bemerken:

Von jedem Oberpostamt oder Postamt aus, von wo eine Ordinari oder ein Postwagen sonst den Gang anfieng, ist zu dießfallsiger Herstellung nach allen Landen jenseits des Rheins, gegen die preussischen und hessenkasselschen Lande, nach der Schweiz, Niederdeutschland ꝛc. und so weit als in Oberdeutschland die fränkischen Waffen vorgedrungen sind, unverzüglich zu schreiten.

Die Brieftare, die Postwagentare, die Extrapostare und alle andere Amtstaren bleiben genau die, welche von kaiserlicher Reichs = oder k. k. General = Oberpostmeisterey wegen Ihnen vorgeschrieben waren, als welche andurch ausdrücklich bestätiget werden, und wovon keiner unter Ihnen oder Ihren Amtsuntergebenen abweichen darf. Dagegen werden diejenigen Posttaren alle, welche etwa ein fränkischer General oder Kriegskommissär einstweilen, und eine Landes = oder Ortsobrigkeit mögen vorgeschrieben haben, hiemit durch mich von Amts we=

wegen wieder aufgehoben und respektive im Na=
men der Republik abgeschaft. Nur das, was
wegen des Dienstes für die Armeepost da oder
dort nach den Ortsverhältnissen in Betreff des
Tares besonders veranstaltet seyn mag, bleibt
gültig.

Die Republik tritt in alle und jede kaiserli=
che, fürstlich tarische und k. k. Postrechte ein.
Sie und Ihre Amtsuntergebenen sind sämtlich
Diener der Republik für die Postanstalt. Sie
und Ihre Amtsuntergebenen können folglich mit
gar keiner Kriegskontribution belegt werden.
Ihre Amtswohnung muß von allen Einquarti=
rungen frey bleiben, man darf ihnen keine
Frohn oder Requisition Ihrer Amtsuntergebe=
nen, Ihrer Pferde, oder der für solche nöthigen
Fourage zumuthen, der Einkauf von Fourage ꝛc.
für den Postdienst darf Ihnen nicht erschwert
werden. Sie sind berechtigt, Salvegarden von
den Truppen der Republik, und in deren Ab=
wesenheit von der Landesmiliz und sonstigen
Landestruppen für Ihre Wohnung, zur Bede=
ckung der Postwägen ꝛc. in vorkommenden Fäl=
len zu begehren, und ich meines Orts will und
kann sie nach meiner Pflicht gegen die Republik

jedes=

jedesmal und überall vertreten und unter=
stützen.

Alle bisherigen Verbote der Bestellung,
Spedirung und Abgabe irgend einer Zeitschrift
sind anburch aufgehoben. Sie sind verbunden,
sich dießfalls dem Verlangen jedes Leselustigen
zu fügen.

Wie oben.

Unterzeichnet Friedrich Cotta.

XIII.

Der Aufstand in Dillingen.

Dillingen, die Residenzstadt des Bischofs
von Augsburg, hat sich in den Kriegsbewe=
gungen des vorigen Sommers auf eine merk=
würdige Art ausgezeichnet. Erst wurde daselbst
der Kronprätendent von Frankreich beynahe
meuchelmörderischer Weise ermordet; *) — und
eine

---

*) Monsieur steht Abends gegen 10 Uhr,
auf der Post am Fenster. Plötzlich fällt
ein Pistolen Schuß; der Prinz sinkt zu=
rück; — die Kugel hatte die Hirnschale
hart gestreift.

eine kurze Zeit später schlagen sie die Republikaner tod. Doch an dem erstern Vorfall sind die
Bewohner der Stadt sicher alle unschuldig; eine
desto größere Schuld aber würde ihnen wegen des
letztern zugemessen worden seyn, wenn der Rä-
cher noch Zutritt zu ihnen gehabt hätte. Nach
den mit einander verglichenen Nachrichten mehrerer Augenzeugen verhielt es sich mit demselben folgender maßen:

Als das Hauptquartier der Franken von
Dillingen abmarschirt war, um nach Baiern
vorzurücken, so erhielt die Stadt von dem General *en Chef* eine Sauvegarde, welche sie
gegen die dem Heere nachfolgenden Truppen
beschützen sollte. Es kamen viele derselben die
Straße von Heidenheim her, die Stadt
war nie leer von Franzosen, und jedermann
hatte Ursache, mit ihrem Betragen zufrieden
zu seyn.

Am 4. September kam ein Haufe rother
Husaren an, welche in der Stadt einquar-
tirt werden mußten. Etliche von ihnen wurden
mit ihren Pferden in den Spitalstall gewiesen.
Ob hier der Platz zu enge gewesen, oder ob die
Fran-

Franzosen ihre Anmaßungen übertrieben, —
darüber widersprechen sich meine Nachrichten;
genug ein Husar bestand darauf, daß der Pach=
ter, der die Spitalgüter in der Verwaltung
hat, seinem Pferde einen Platz in seinem Vieh=
stalle einräumen sollte. Da erhub sich ein
Kampf zwischen französischer Insolenz,
und deutscher Grobheit. Die Franzosen
ziehen die Säbel; der Pachter ergreift einen
tüchtigen Prügel; die Partheien fallen über
einander her; der Streit lockt mehrere Zu=
schauer herbey; und in diesem Augenblicke
kommt jemand in dem Spital, statt die Sau=
begarde herbey zu rufen, auf den unglücklichen
Gedanken, die Sturmglocke anzuziehen.

Es war eben Sonntag. Die Dillinger
Bürger saßen großen Theils in den Schenken.
Die Erbitterung über die Franzosen, geweckt
durch ihr rohes Betragen auf dem Hinzuge
war allgemein, und durch das gährende Bier
in den Köpfen in diesem Augenblicke bis auf
den äußersten Grad exaltirt. Ihre Treulosigkeit,
ihre Ausschweifungen, ihre Räubereyen und
ihre Härte waren noch überall das Gespräch

des

des Tages. War es ein Wunder, wenn diese
Bürger, durch die Sturmglocke zum Kampfe
gegen so verhaßte Fremdlinge gerufen, — alle
Schranken der Mäßigung überschritten?

So bald das Sturmläuten begann, wurden
die Thore gesperrt. Ein unermeßlicher Volks-
haufen, mit Mordinstrumenten bewafnet,
strömt vor dem Spital zusammen. Einzelne
Franzosen dringen durchs Gewühl herbey.
„Schlagt die Hunde todt! schlagt sie todt!‟
brüllen viele Stimmen aus der zürnenden
Masse. Das Gemetzel beginnt. Mehrere
Franzosen fallen unter den Streichen der Dillinger.

Bald kommt die französische Sauvegarde
herbey, an ihrer Spitze ein Rittmeister, ge-
schätzt von seiner Nation wegen seiner Tapferkeit, und von der Inwohnerschaft der Stadt
wegen seines würdigen Betragens. Die friedliche Absicht, die Streiter zu beruhigen, hatte
ihn in ihre Mitte gerufen. „Nieder mit ihm,
er ist auch ein Franzos!‟ rufen die Zürnenden.
Sie schlagen ihn vom Pferd. Schon gestürzt,
erhebt er sich wieder; kniend, mit gefalteten

Hän-

Händen und mit flehender Geberde bittet er um sein Leben. Kein Erbarmen. Es wird so lange auf ihn gehauen, gestochen und geschla-gen, bis sich kein Funke von Leben in ihm zeigt.

Ein alter Artillerieofficier, ehrwürdig durch seine grauen Haare, tritt auch hinzu, in der redlichen Meinung, Friede zu machen. Aber auch er wird niedergeschlagen und schrecklich getödtet.

Schon war kein Franzos mehr auf der Straße sichtbar, schon fiengen ihre Feinde an, sie in ihren Quartieren aufzusuchen, als dem bey dem hiesigen Stande dienenden Obristlieut-nant von Raglovich *) die Meldung erstat-

D d 2   tet

*) Dieser würdige Officier ist dem Publikum durch die ruhmwürdige Tapferkeit bekannt, mit der er die neue Schanze bey Kehl, nachdem sie schon von den Feinden erobert war, mit seinen braven Grenadieren wie-der erstürmte. Aber nicht weniger schätz-bar ist er durch seine Kenntnisse und durch seine Humanität. Er tritt nun in öster-reichische Dienste. Als er deshalb un-

tet wurde, von dem, was sich begeben hatte.
Er stellte sich sogleich an die Spitze der Garni=
son, that den Wüthenden Einhalt, entwafnete
und zerstreute sie, nahm unschuldige Franzosen
in Schutz und ward dadurch der Retter der
Stadt.

Denn wenige Stunden spater kamen 200
Franken, von ihren Kameraden herbeygeholt,
ungestümm und rachedürstend von Wittislin=
gen hereingesprengt. Sie umgaben das Rath=
haus, forderten Genugthuung für den an ihren
Waffenbrüdern begangenen Mord und sprachen
von Brand und Plünderung der Stadt. Aber
die Vorstellung, daß es unbillig wäre, die Ver=
brechen einzelner unbesonnener Brauseköpfe an
der ganzen Bürgerschaft zu rächen, und die Er=
innerung an die Thätigkeit, womit obrigkeitli=
che Personen, und besonders das Stadtmilitär
den Aufstand gestillt hatten, unterstützt von der

Ver=

längst im Hauptquartier war, sagte der
Erzherzog Karl den umstehenden Gene=
ralen: „Sehen Sie, meine Herren, hier
den Offcier, der unter den Schwaben al=
lein seine Schuldigkeit gethan hat.‟

Verſicherung reeller Dankbarkeit, beſtimmte die Officiere, die Ungeſtümmen zu beſänftigen. Voll Unwillens zogen ſie ab, und im Hinaus= reuten hieb da und dort mancher in die Kreuz= ſtöcke, daß Funken heraus ſtoben. Die Rädels= führer bey dem Aufſtande wurden indeſſen ein= gezogen und kriminaliſch verhört.

Der Lermen war vorüber, die Hitze der Leidenſchaft und der Partheyſucht hatte ſich ge= legt, man fieng an, die möglichen Folgen die= ſer mißlichen Begebenheit zu überlegen, und bange harrte jedermann der Rache der Feinde, die den Unſchuldigen wie den Schuldigen treffen konnte. Zum Glück beſtätigte der Erfolg die Beſorgniſſe nicht, die jedermann für unfehlbar hielt.

Man hatte die Vorſicht getroffen, den Of= ficier, der die Sache im Hauptquartier meldete, zu gewinnen. Moreau war damals im Ge= dränge, und die Lage ſeiner ganzen Armee gab ihm zu viel Beſchäftigung, als daß er wegen eines verhältnißmäßig ſo kleinen Ereigniſſes viel Aufhebens hätte machen ſollen. Ueberdieß hatte die franzöſiſche Generalität, die es wohl

wuß=

wußte, wie sehr der deutsche Bürger bey dem Betragen ihrer zügellosen Untergebenen. in ähnlichen Auftritten immer sehr viel Mäßigung bewiesen, diese Vergehungen nicht nach Strenge bestrafen wollen. Doch hieng das Wohl und das Wehe von Dillingen hauptsächlich davon ab, ob sie auf dem Rückzuge von den Legionen der Republik berührt würde.

Als sich die Armee näherte, zogen die noch in der Stadt befindlichen Franzosen über die Donau, und brannten die Brücke hinter sich ab. Dieser kleine Umstand rettete Dillingen. Denn bald darauf näherten sich 3=4000 Mann dem jenseitigen Ufer des Strohmes. Aber die Brücke war weg, und die Zeit bey der Eile des Rückzuges zu kurz. Endlich kamen die ersten Haufen der Kaiserlichen an, machten die Gefangenen in ihren Kerkern frey und die bange Inwohnerschaft war mit einem Male von all' ihren Besorgnissen erlößt.

Druckfehler.

Seite 190 Zeile 7 muß nach) über das Wort
Kanstadt eingesetzt werden.

— — — 12 statt Tapoiner — Tapon-
nier.

— 199 — 7 statt rechten Flügel —
linken Flügel.

— 210 — 4 statt Labard — Labord.

— 216 — 22 statt Einsklrch) — Eris-
kirch).

— 249 — 12 statt 75 — 45.

·In allen Buchhandlungen ist um 20 kr. zu haben: Etwas über die Landwirthschaft von einem praktischen Oekonomen, welches enthält: Oekonomische Abhandlungen, 1. r ? n der Aussaat des Klees. 2. Von der Bestellung des abzutreibenden Klees mit der Winterfrucht. 3. Vom Grünfüttern des Klees. 4. Vom Dörren des Klees. 5. Vom Saamenziehen des Klees. 6. Von der Art und Weise, den Klee zu gypsen. 7. Von der Art und Weise, den Saamen fruchtbar zu machen. 8. Ackerbau, wie derselbe verbessert werden kann. 9. Viehfüttern und Beybehaltung der Reinigkeit. Praktische Beobachtungen über eine verbesserte Baumkultur. 1. Wann und welche Bäume abzuschaffen sind. 2. Wie der Baum zu setzen, daß er schnell wächst. 3. Bäume zu pflanzen, wo vorher keiner hat aufwachsen können. 4. Wie die Bäume vor der größten Kälte zu schützen. 5. Erfrorne Bäume wieder zum neuen Wachsthum aufzuwärmen. 6. Den Bäumen den Brand zu nehmen. 7. Gebrochene Bäume wie Beinbrüche zu heilen. 8. Welche Bäume sind die fruchtbarsten? 9. Junge Bäume schnell zur Fruchtbarkeit zu bringen. 10. Alte unfruchtbare Bäume zur Fruchtbarkeit zu bringen. 11. Alte Bäume zu verjüngen. 12. Junge unfruchtbare Bäume zur Fruchtbarkeit zu bringen. 13. Den Brand aus der Wurzel des Baumes zu tilgen, 14. Die Bäume im größten Garten raupenfrey zu erhalten, auch anderes Ungeziefer zu vertreiben. Gartenbauverbesserungen. Allgemeine Anweisung über bessere Gartendungarten u. a. m.